W0240375

KOCHEN nach den Jahreszeiten

Martina Meuth
Bernd Neuner-Duttenhofer

KOCHEN nach den Jahreszeiten

Das Begleitbuch zur
WDR
ServiceZeit
Essen und Trinken

Redaktion der Sendung: Rainer Nohn

Droemer

Besuchen Sie uns im Internet:
www.droemer-weltbild.de

Die Folie des Schutzumschlags sowie die Einschweißhülle sind PE-Folien und biologisch abbaubar. Dieses Buch wurde auf chlor- und säurefreiem Papier gedruckt.

Copyright © 2001 Droemersche Verlagsanstalt TH. Knaur Nachf., München
Alle Rechte vorbehalten. Das Werk darf – auch teilweise – nur mit Genehmigung des Verlags wiedergegeben werden.
Umschlagkonzeption: Paxmann Teutsch Buchprojekte
Umschlagfoto: Armin Faber
Fotos: Martina Meuth, Horst Schöck
Videograbs: WDR ServiceZeit Essen und Trinken, hergestellt von Heinz Ruess, Schramberg
Freisteller: Verlagsgruppe Droemer Weltbild
Gesamtherstellung: BBC, Horst Schöck, Schramberg
Digitaler Seitenaufbau und Reproduktionen:
Straub Druck, Schramberg
Druck und Bindung: Appl, Wemding
Printed in Germany

ISBN: 3-426-27237-7

Inhaltsverzeichnis

Kochen nach den Jahreszeiten

Wenn Sie sich für dieses Buch entschieden haben, obwohl es doch so viele Kochbücher zur Auswahl gibt, dann wissen Sie wahrscheinlich warum. Unser Kochduo Martina und Moritz hat Sie überzeugt. (Moritz ist übrigens der Spitzname des Mannes mit dem langen Namen, den man sich nur so schwer merken kann.) Sie kennen die beiden vom Fernsehen, wo sie einmal monatlich – zur Weihnachtszeit sogar wöchentlich – ihre Kochkünste vorführen.

Vielleicht verfolgen Sie die beiden auch schon eine Weile auf ihrem Weg durch die kulinarischen Köstlichkeiten. Ihr Erfolg beruht auf ihrer Kreativität, immer wieder neue Rezepte zu entwickeln, und ihrer Sorgfalt, diese so zu gestalten und zu erläutern, dass Sie, liebe Freunde des guten Geschmacks, etwas damit anfangen können. Denn die beiden haben immer Sie im Auge, wenn sie sich an ihr Handwerk begeben. Alles muss auch für Hobbyköche und solche, die es werden wollen, verständlich und nachvollziehbar sein. Dafür wird jedes Rezept mehrmals ausprobiert und, wenn nötig, verbessert.

Als Redakteur der Sendereihe ServiceZeit Essen und Trinken bekomme ich die Rezepte zu jeder neuen Folge als Erster zu sehen. Jedes Mal freue ich mich schon auf die Ergebnisse aus dem Kochstudio von Martina und Moritz. Und immer wieder bin ich erstaunt, was sie aus angeblich nichtssagenden Nahrungsmitteln zaubern.
Nehmen wir mal den guten alten Kürbis. In Omas Küche süßsauer eingelegt, wurde er vom Speisezettel verbannt und erlebt jetzt gerade eine Renaissance. Die Varianten der Kürbiscremesuppe à la Martina und Moritz werden jeden Feinschmecker davon überzeugen, dass Kürbis mit den passenden Zutaten eine Delikatesse ist, die alle mit Bestnoten beurteilen – auch die ehemaligen Kürbis-Nasenrümpfer. Wenn Sie die Suppe dann noch in dem zuvor ausgehöhlten ganzen Kürbis servieren, ist Ihnen ein »Ah« und »Oh« Ihrer Gäste ganz gewiss (vor dem Aushöhlen sollte man den Kürbis im Backofen anbacken, dann ist es nach dem Entfernen des oberen Teils – dem Deckel! – viel leichter das Fruchtfleisch herauszuschaben).

Unser Kochduo hat dieses Buch »Kochen nach den Jahreszeiten« genannt und sich natürlich etwas dabei gedacht. Kochen à la saison war früher ganz selbstverständlich. Denn als es noch keine Lastwagen und Flieger gab, die alles an Gemüse und Obst zu jeder Zeit zum Teil von weit her anliefern können, war man in der Küche auf das angewiesen, was der heimische Markt oder der eigene Garten zu bieten hatte. Was man sich auf dem kürzesten Weg besorgt, ist am frischesten und meistens auch am preiswertesten. Auf die Frische der verwendeten Produkte kann man gar nicht genug achten. Sie machen den Gutteil des Geschmacks aus. Salat, der schon länger unter künstlichem Licht in der Supermarkttheke geschmort hat, kann nun mal nicht knackig-frisch schmecken. Da lohnt sich wirklich mal wieder der Gang auf den Wochenmarkt oder ins Gemüsegeschäft. Dort bekommt man meistens Ware, die morgens früh vom Großmarkt geholt worden ist. Dass Obst und Gemüse beim längeren Liegen Vitamine und Inhaltsstoffe verlieren, hat sich ja auch schon herumgesprochen. Bestimmte Gemüse- und Obstsorten je nach Jahreszeit zu verwenden, tut auch dem Körper gut. Zur Winterzeit eine Vitaminkur mit Orangen erspart vielleicht die Frühjahrserkältung. Wenn Sie die Familie mit »Orangeneis auf Orangenkompott« im Februar überraschen, sind bestimmt alle begeistert.
Fenchel aus dem Mittelmeerraum hat im März Saison und lässt sich als Vorspeise und Hauptgericht zu einem wohlschmeckenden und bekömmlichen Geschmackserlebnis verarbeiten. Die Variante »Fenchel anonym« ist übrigens so schnell und einfach zuzubereiten, dass selbst Kinder sich mal daran wagen könnten. Und es schmeckt Ihnen bestimmt!
Im Juni sollten unbedingt Matjes auf den Tisch, denn zu Beginn der Fangsaison schmecken sie

einfach am besten, da sie dann ihren optimalen Ernährungszustand erreicht haben. Wir waren überrascht, wie viele Zuschauer sich für die Matjes-Rezepte in unserer Sendung im Juni 2000 interessiert haben. Die meisten kennen ja Matjes entweder nur so, ohne alles oder als Matjesfilet nach Hausfrauenart. Aber der Matjessalat mit Roter Bete und grünen Bohnen ist ein Muss für alle Matjes-Fans.
Im Herbst sollten Sie eine Traubenkur machen, aber bitte mit leckeren Beilagen!
Trauben stecken wirklich voller wichtiger Inhaltsstoffe, die unser Körper vor der Winterzeit gut brauchen kann. Das Kalbsmedaillon mit Weintrauben dient unter Garantie auch Ihrem leiblichen Wohlbefinden. Apropos Kalbfleisch: Aus der Küche von Martina und Moritz wurde Rindfleisch nicht verbannt, denn sie wissen ganz genau, wo sie ihr Fleisch einkaufen. Und sie empfehlen natürlich auch Ihnen, zum Metzger zu gehen, der Ihnen genau sagen kann, woher sein Fleisch kommt.
Der nächste Winter – und die Weihnachtszeit – kommt bestimmt, und da ist nun mal Süßes angesagt. Davon kann der Mensch auch etwas mehr zu sich nehmen, weil es ja kalt ist und er mehr Kalorien verbraucht. Aber alle die leckeren Naschereien sollte man in Maßen genießen, damit man danach keine Gewissensbisse hat, wenn man auf die Waage steigt.
Was die beiden Köche, die ja auch Bäcker sind, an vorweihnachtlichen Rezeptvorschlägen zu bieten haben, kann sich wahrlich sehen lassen. Wenn Sie das alles ausprobieren wollen, kommen Sie nicht mehr zu Ihren Weihnachtseinkäufen. Aber Sie können ja mit der Weihnachtsbäckerei schon rechtzeitig anfangen.
Die »Schokoladentorte mit Orangenschale, Rum und Mandeln« schmeckt sowieso erst richtig gut, wenn sie mindestens zwei Wochen durchgezogen ist. Aber selten soll sie so lange gehalten haben, weil sie doch so lecker aussah...
Jetzt werden Sie sicher dieses Buch durchblättern und sich schon überlegen, was Sie demnächst kochen wollen. Die Vorfreude ist auch eine schöne Beschäftigung, wenn einem das Wasser im Mund zusammenläuft und man sich vorstellt, wie alles nach getaner Arbeit auf dem Teller aussehen wird.
Vielleicht nehmen Sie sich vor, jeden Monat etwas aus diesem Buch auszuprobieren, je nach Gelegenheit – und Jahreszeit!
Und wir bieten Ihnen selbstverständlich auch wieder neue Rezepte via TV von Martina und Moritz in den Sendungen der ServiceZeit Essen und Trinken.
Zu denen wird es dann wieder ein Begleitbuch geben, damit Sie alles schwarz auf weiß nachlesen können.
Gutes Gelingen und viel Spaß beim Kochen und Backen nach den Rezepten unseres beliebten Kochduos!

Rainer Nohn
Redakteur der ServiceZeit
Essen und Trinken

Unsere Lebensmittel – Mittel zum Leben

Gedanken zur Lage nach BSE

Sie, liebe Leserinnen und Leser, kennen uns und unsere Meinungen aus unseren Sendungen. Aber sehr viele andere konnten und können wir nicht erreichen. Die sind nicht interessiert an der Verfeinerung ihrer Sinne, sind unempfänglich für Genuss. Die Kultur der Kulinarik ist ihnen gleichgültig – oder sie sehen darin sogar Sündhaftes! Sie essen und genießen nicht, sondern »verrichten ihre Essdurft«, wie Friedrich Thorberg von den Amerikanern schrieb.

In Deutschland wird von ihnen noch immer der Markt bestimmt, auch wenn der Sinn für gute und wertvolle Ernährung, gesunde und wohlschmeckende Speisen in den letzten Jahren gewachsen ist. Dieser Teil der Bevölkerung, der nur über den billigen Preis einkauft, wollte nie einen Zusammenhang zwischen Ernährung und wohlschmeckenden, artgerecht oder ökologisch vertretbar erzeugten Produkten sehen.

Es genügte ihnen, sich an den preislich attraktiven Angeboten des Handels, den schwungvoll beworbenen Produkten der Industrie und der Marketing-Gesellschaften sowie den Versicherungen von Verbänden und Politikern zu orientieren. Sie haben Gütezeichen ohne Wert verliehen und den Menschen auch noch weisgemacht, dass ihr Lebensstandard umso höher sei, je weniger sie für die Ernährung ausgeben müssen.

Bis BSE kam, die verrückten Kühe, und mit ihnen die allgemeine Verunsicherung. Im Grunde die Bankrotterklärung des bisherigen Systems, in dem – wir wollen es einmal ganz brutal sagen – sich Erzeuger, Handel und Verbraucher gegenseitig verschworen, sich selbst und gegenseitig wider ihr jeweils durchaus vorhandenes besseres Wissen belogen und betrogen haben: die einen in eher argloser Naivität, die anderen mit manchmal fast krimineller Energie, um die Mär einer sauberen Lebensmittelproduktion aufrechtzuerhalten. Der gesunde Menschenverstand hat allenthalben ebenso versagt wie die weitgehend von Ideologie geprägten Verbraucherverbände und die verbürokratisierten Organe des Verbraucherschutzes, die gar nicht mehr merken, worauf es eigentlich ankommt.

Schwindel und Subventionen

Die meisten Verbraucher ließen sich ihre Gutgläubigkeit um keinen Preis vermiesen, überhörten geflissentlich die seit Jahren vorgebrachten Warnungen von zweifelnden Landwirten, kritischen Journalisten und verantwortungsbewussten Politikern. Mit der Wende zum neuen Jahrtausend fielen sie nun aus allen Wolken.

Jahrelang haben wir – und mit uns viele Kolleginnen und Kollegen – immer wieder versucht, klar zu machen, dass Qualität ihren Preis haben muss. Dass zu Schleuderpreisen angebotene Wurst eben Schleuderfleisch ent-

hält, das unappetitliche (und gefährliche, weil auch von Kopf und Rückgrat gekratzte und deshalb mit Hirn- und Rückenmarkspartikeln versetzte) Separatorenfleisch. Warum wird das überhaupt verwendet? Weil es sich gut verarbeiten lässt, der Wurstmasse Stand gibt und obendrein billig ist...

Markt und Preise, Angebot und Nachfrage: Es sind ja gerade die Großbetriebe erpressbar und werden vom Handel so geknebelt, dass sie an allen Ecken und Enden sparen müssen, um überhaupt über die Runden zu kommen. Sie setzen dazu ihrerseits die Erzeuger unter Druck, zwingen sie geradezu, mit den billigsten Futtermitteln unter den übelsten Bedingungen zu produzieren. Und dann ist für die der Schritt zu illegalen Methoden und verbrecherischen Machenschaften im Umgang mit gefälschten Produkten, verbotenen Hormonen und allen möglichen anderen Betrügereien nicht mehr groß...

Wie gesagt: Es sind die Verbraucher, die am Anfang dieser Kette stehen, wenn sie nur über den Preis einkaufen. Manche haben nach dem BSE-Skandal noch immer nicht umgedacht – jetzt essen sie billigstes Schweine-, Hähnchen- oder Putenfleisch, ohne zu begreifen, dass dieses mit genauso üblen Methoden erzeugt wird, nur eben (noch) ohne so weit reichende und beunruhigende Folgen. Wer sich dieser Erkenntnis verweigert, ist wirklich selber schuld! Jetzt, nach den vielen Skandalen, hat es der Verbraucher tatsächlich in der Hand, die neuen Vorstellungen der Politiker zu unterstützen. Und das macht er am besten an der Ladentheke, indem er die Ramschprodukte liegen lässt.

Die heute den Markt bestimmenden Großbetriebe konnten nur durch die von den Landwirtschaftsverbänden durchgesetzte Subventionspolitik entstehen. Kleine, in überschaubaren Größen und nach traditionellen Qualitätsvorstellungen produzierende Familienbetriebe hatten das Nachsehen. Angemessene Erträge, staatliche und EU-Unterstützung waren ja nur über Massenproduktion und mit ausschließlich am Gewinn orientierten, nicht aber ethischen Vorstellungen verpflichteten Methoden zu erzielen. Das muss sich wieder ändern!

EU-Kommissar Fischler will mithelfen. Neue Ziele werden derzeit zwar allenthalben formuliert und propagiert – doch die Schwierigkeiten liegen in den Details. Gewiss ist es gut, wenn Bio und Öko nun gefördert werden. Aber die Umstellung dauert lange und österreichische Verhältnisse mit über 10 Prozent Bio-Produktion (und über 22 Prozent Lebensmittelverkauf ab Hof) werden wir nicht so schnell erreichen. Wichtiger scheint uns, die Qualität der konventionell erzeugten Produkte zu fördern, die integriert-kontrollierten Verfahren zu vervollkommnen und endlich Qualitätsnormen zu erstellen, die internationalen Vergleichen entsprechen!

Qualität muss positiv definiert werden!

Es gibt kein Land in Europa, wo bereits die Mindestanforderungen an ein Produkt so eng mit dem Begriff Qualität verbunden und die tatsächlichen Kriterien für eine Wertbestimmung vom Gesetzgeber so erfolgreich unterdrückt werden wie bei uns. Man denke nur an Brot, Käse und Wein! Natürlich steckt immer eine Lobby dahinter, Verbände, Genossenschaften, Marktführer und Konzerne. Man hat bei uns in weiten Kreisen noch immer nicht begriffen, dass die beste Werbung für Produktgruppen von den Spitzen unter ihnen ausgeht – nicht von der Massenware. Frankreich, zum Beispiel, macht Werbung mit den Châteaux von Bordeaux und Grand Crus von Burgund – und verkauft große Mengen Alltagswein in ihrem Glanze. Man kauft dort vom Bäcker gebackenes Brot in der Boulangerie und Fabrikbrot im Depot de Pain. Und jede Gegend hat eine Rohmilchspezialität, mit der man sich brüsten kann – sie und vielerlei hochwertige Käse aus handwerklicher Herstellung (auch einige Fabrikkäse mit klangvollen Namen) werden exportiert. In die USA und nach Deutschland, das mit seinen simplen Industriekäsen die Billigheimer in Italien und Frankreich beliefert, ohne nennenswerten Gewinn zu erzielen.
Spanien zeigt derzeit geradezu vorbildlich, wie es geht: Vielfach gestaffelte Qualitätsmerkmale für die Spezialitäten des Landes, verbunden mit modernem Management und effizienter Logistik (übrigens von den Holländern ausgetüftelt – die sich den wahren Bedürfnissen des Marktes ohnehin am besten anzupassen verstehen). Das bringt im Handel gute Preise, unterdrückt die Überproduktion und sichert den Erzeugern einen stabilen Markt. Unsere deutschen Politiker ducken sich vor der Macht der phantasielosen Lobbyisten, die jede Veränderung scheuen: Bloß nicht zulassen, dass sich etwas bewegt, es könnten ja Marktanteile verloren gehen. Dabei ist das zunächst einmal keine Frage der Menge: Wenn Karl-Josef Fuchs im Spielweg im Münstertal seinen eigenen Käse herstellt, dann spürt die »Schwarzwaldmilch«, das Großunternehmen in der Region, keine Einbuße. Aber das Prinzip ärgert, man will niemand neben sich haben – und schon gar nicht, dass ein besseres, sensationell gut schmeckendes Produkt die fade Durchschnittlichkeit der eigenen Erzeugnisse deutlich macht.

Nur was etwas kostet, ist auch etwas wert

Alles dies war uns schon immer Thema: Wir haben Fehlentwicklungen angeprangert und versucht, über den guten Geschmack zu guten Produkten zu führen. Wir wissen, dass wir mit unseren Vorstellungen von guten Lebensmitteln oft angeeckt sind, weil wir stets erstklassige Qualität eingefordert und vor den schlechten, billigen, gesundheitsschädlichen Lebensmitteln gewarnt haben. Wer für das Öl seines Autos zehn-

mal mehr ausgibt als für das, was er selber isst, dem ist einfach nicht zu helfen.
Wir machten keinen Hehl aus unseren Vorbehalten gegen die nur durch Subventionen am Leben erhaltene Landwirtschaft, den höchst einseitig am Preis orientierten deutschen Handel. Und haben immer betont, dass die Bio-Erzeuger und die Feinschmecker eigentlich an einem Strang ziehen müssten – ziemlich vergeblich: Unser Erfolg bei der Aufklärung über Nahrungsmittel war mäßig! Zumal die Bio-Leute sich im genussfeindlichen, ideologisch geprägten Deutschland in erster Linie an der Produktionsart orientierten, ihnen die geschmackliche Qualität des Produktes aber weitgehend gleichgültig ist. In Italien gibt man hingegen dem guten Geschmack den klaren Vorzug, besonders klar vertreten durch die in Bra/Piemont von Carlo Petrini gegründete Slow-Food-Bewegung, die es längst auch bei uns in Deutschland gibt. Slow Food fördert beileibe nicht eine nostalgisch rückwärts gewandte Betrachtungsweise, sondern regt eine moderne, zukunftsträchtige Landwirtschaft an: Sorgfältigen Umgang mit den Ressourcen, langsame, artgerechte und ethisch vertretbare Produktion, die den Erzeugern wieder ein würdiges Einkommen ermöglicht.

Massengesellschaft = Massenproduktion?

Wir leben in einer Massengesellschaft und müssen daher Massenproduktion in Kauf nehmen, heißt es immer wieder. Müssen wir das wirklich? Müssen wir akzeptieren, dass in Deutschland ein knappes Dutzend Menschen darüber entscheiden, was Millionen von uns auf den Tisch bringen müssen? Ein Beispiel: Wie viele Salatköpfe muss der Einkäufer einer Handelskette an einem Wochentag im Mai ordern? Vollzieht man das einmal nach, beginnen einem die Sinne zu schwinden: So werden bei ca. 10 000 Verkaufsstellen in unserer mai-sonnigen, salat-gierigen Republik eine (für den

Tante-Emma-Laden) bis 100 (großer Supermarkt oder Kaufhaus) Steigen (das sind 6 Millionen Salatköpfe), an einem einzigen Tag herangeschafft. Die kommen nicht aus Gärten, sondern aus Agrar-Fabriken, die ihre Produktions- und Vermarktungskosten bis auf die zweite Stelle hinter dem Pfennig-Komma ausrechnen. Wobei, mussten wir immer wieder feststellen, von den deutschen Handelsketten stets die mindeste Qualität geordert wird – in England, Frankreich oder Italien ist man bereit, mehr zu zahlen, bekommt also die bessere Ware. Gleiches gilt für Gurken, Tomaten, Weintrauben und Orangen: Selten positiv geprägte Qualitätsprodukte, sondern bestenfalls Erzeugnisse, denen man keine Mängel nachsagen kann – wenigstens so lange, wie man nicht zu genau nachschaut.

Und bei BSE hatte man ganz einfach gar nicht hinschauen wollen: Trotz vieler Warnungen versicherten sich alle gegenseitig, dass Deutschland BSE-frei sei. Doch noch immer kommt Hochmut vor dem Fall: Als allgemeine Tests europaweit verordnet wurden, stellte sich die furchtbare Wahrheit schnell heraus. Alle tragen Schuld, doch niemand will die Verantwortung übernehmen.

Schuld sind immer die anderen

Die anderen – die Produzenten? Die Bauern weisen sowieso alle Schuld von sich. Die Politik habe versagt. Richtig: Was das Verbot der Verfütterung von Tiermehl angeht, so wurde hier entsetzlich geschlampt. Aber die Idee und der teilweise gegen die Vorstellung der Politik durchgesetzte Wille dazu kam sehr wohl aus der Landwirtschaft beziehungsweise den ihr zugeordneten Wissenschaften (in diesem Zusammenhang wäre die Rolle der Bundesanstalt für Fleischforschung in Kulmbach mal ganz genau unter die Lupe zu nehmen).

Die anderen – die Nahrungs-

mittel-Industrie? Die verkauft nur das, was die Menschen wollen. Liegt etwas zu lange im Laden, fliegt es raus... Qualität ist für die Industrie, was der Verbraucher abnimmt: Abwesenheit von offensichtlichen Mängeln (kleinere Mängel werden heute mit künstlichen Aromen zugedeckt!). Wer mehr darüber wissen will, lese »Die Suppe lügt« oder »Aus Teufels Küche« von Ulrich Grimm. Danach dürfte jeder vernünftige Mensch, der solche Convenience-Produkte trotzdem bislang in seiner Küche hatte (»weil man doch nach der Arbeit keine Zeit mehr zum Kochen hat«), sein Essverhalten grundlegend ändern. Und wenn vor wenigen Monaten noch darüber nachgedacht wurde, wie aus unseren Kläranlagen die wertvollen Bestandteile Fett und Eiweiß für die Ernährung wieder zurückgewonnen werden können, so zeigt das, wie bedenklich sich die industrielle Lebensmittel-Herstellung und die Kultur des Geschmacks auseinander entwickelt haben.

Die anderen – die Politiker? In England hat man natürlich die längsten und schlimmsten Erfahrungen, die übelsten Mastverfahren erdacht und die Ergebnisse wissenschaftlicher Untersuchungen geradezu kriminell unterdrückt. Die Gefahren waren längst erkannt, doch es wurde weiter beschwichtigt. Erst viel zu spät wurden die Fehler zugegeben. Bei uns traten mehrere Minister zurück. Neue Vorstellungen beherrschen die Tagesordnung: Man wird sehen, wie erfolgreich sie in die Realität umgesetzt werden können. Schnelle Hilfe tut Not: Bauern, Fleisch verarbeitende Betriebe, Metzger – vielen geht es an die Existenz; Arbeitsplätze gehen verloren, Lebensplanungen werden über den Haufen geworfen. Die Zeche zahlen keineswegs nur die Verbraucher und Steuerzahler, sondern viele, viel zu viele Menschen. Die Politik muss deswegen wieder die Verantwortung übernehmen, die Zügel fester packen, mannigfache Kontrollen einrichten. Und endlich den Menschen klar machen, dass Qualität ihren Preis hat: Nur was etwas kostet, hat auch einen Wert.

Zwischen Bauch und Kopf

Viele Lebensmittel würden die meisten Menschen niemals auf den Tisch bringen, wenn sie wüssten, wie sie erzeugt wurden. Heute wissen sie teilweise mehr darüber und verweigern sich – der Rindfleischkonsum ist um mehr als 80 Prozent zurückgegangen. Aber, welch Irrsinn: Nach der Einführung der BSE-Tests, seit nach allem menschlichen Ermessen nur noch sicheres Fleisch in die Theken kommt! Wir persönlich haben immer nur gutes Fleisch, beste Würste und Schinken gekauft – von Bauern unserer Umgebung und von qualitätsbewussten Metzgern in Deutschland, Österreich, Italien und Frankreich, die genau wissen, welche Tiere sie schlachten und verarbeiten. Wir mussten daher unsere Essgewohnheiten nicht ändern. Wir geben für uns

zwei sicherlich mehr für gute Ware aus als eine vierköpfige deutsche Durchschnittsfamilie. Freilich haben wir nie jeden Tag ein Steak oder Kotelett oder überhaupt Fleisch gegessen. Andererseits sehen wir nun aber keinen Grund, gar keines mehr zu genießen: Die Tests geben so viel Sicherheit, wie man von einem Lebensmittel nur verlangen kann – hundert-prozentige Sicherheit gibt es in der Natur ohnehin nicht (die in den letzten Jahrzehnten aufgetauchten Probleme, zum Beispiel Aids, Ebola, BSE und andere, beweisen ja gerade, dass die Natur immer wieder – aus ihrer Sicht – erfolgreich gegen die Bestrebungen der Menschen ist, alle Gefahren ausschalten zu wollen).
Die nicht nur bei uns, aber hierzulande besonders heftig ausgebrochene Hysterie wäre lächerlich, wenn sie nicht als Zeichen der Verunsicherung und totalen Hilflosigkeit der Bevölkerung gewertet wird.

Katastrophen und Skandale

Jetzt müssen Millionen von Rindern »aus dem Markt genommen« werden – eine gefühllose, grauenvolle Umschreibung eines entsetzlichen Vorgangs. Was allerdings bisher genauso, nur ohne Aufsehen vonstatten ging: Es wird ja kein Tier mehr getötet, als es ohne BSE ohnehin geschehen wäre! Doch nun ruft diese Prozedur Empörung hervor – Bauern (die alten Lobbyisten), Kirchen, Tierschutzverbände und andere Organisationen tun kund, dass sie solche Massenschlachtungen verwerflich finden. Gewiss, es ist nicht schön, dass die Tiere nachher nicht aufgegessen, sondern nach dem BSE-Test (der dann wirklich Auskunft über die Situation gibt) verbrannt, also in Energie umgewandelt werden. Die nun freilich überhaupt nicht wirtschaftlich ist: Rechnet man die als Futtermittel eingesetzte Kalorienzahl gegen die durch die Verbrennung gewonnene, so zeigt sich der ganze Irrsinn unserer Wohlstandsgesellschaft: In den die Futtermittel erzeugenden Ländern müssen die Menschen für Hungerlohn arbeiten und auf ihre Ernten verzichten, damit unsere Rinder mithilfe von Subventionen immer mehr Milch liefern, die hinterher mit Subventionen vom Markt genommen werden muss...
Aber es hilft nichts: Die Tiere müssen weg, da sie von uns nicht mehr aufgegessen werden. Und das wird noch eine ganze Weile so bleiben, denn für die Milcherzeugung müssen Kälber geboren werden (sonst geben die Kühe ja keine Milch) – und da Kalbfleisch schon seit Jahren bei uns keine guten Karten hat (die vielen Hormon-Mast-Skandale!), werden sie größer, werden irgendwann zu Fleischlieferanten – als Jungmastbullen oder ausgediente Milchkühe.
Fast alle Kälber bekamen bei uns »Kälbermilch«. Weil das Milchfett in Form von Butter oder Käse (teilweise subventioniert) besser zu vermarkten ist, setzte man für die Aufzucht der Kleinen tierische Fette von zweifelhafter Qualität

(kranker und notgeschlachteter Tiere) ein. Damit kann man BSE prima übertragen. Statt die Kälber an der Mutter saugen zu lassen, wodurch sich das Risiko der Übertragung erheblich reduziert. Das Kraftfutter für die armen Turbo-Kühe wurde ebenfalls mit tierischem Eiweiß angereichert, weil sie sonst die gewünschten 40 Liter Milch täglich nicht hätten produzieren können. Selbst die Masttiere bekamen bei uns solche Wachstumsförderer, damit sie schneller, nämlich schon mit 18 Monaten schlachtreif sind.
In manchen Ländern begnügt sich neben der ökologischen auch die so genannte konventionelle Landwirtschaft mit geringerer Milchleistung, wofür dann Grünfutter, Heu und Silage ausreichen. Und das Fleischvieh steht fast das ganze Jahr auf der Weide, gedeiht langsam zu Wohlgeschmack.

Weniger ist mehr, lautet die Parole

Wir müssen wieder zu vernünftigen Produktionseinheiten kommen. Nicht dem idyllischen Klischee eines Bilderbuch-Bauernhofs mit Feldern und Wiesen, mit Hühnern, Lämmern und Kaninchen, mit Pferden und Kühen, Kartoffeln und vielerlei Getreide reden wir das Wort, sondern Höfen, die alles selbst erzeugen (und entsorgen), was sie für ihre Produktion brauchen. Wenn sie kleiner sind, können sie dann auch wieder mehr selbst vermarkten, direkt vom Hof an den Endverbraucher, in Läden von Erzeugergemeinschaften oder auf ganz traditionellem Handelsweg. Unser Nachbarland Österreich ist hier Vorbild: In ganz normalen Supermärkten findet man nicht nur die großen Marken und Massenware, sondern die sehr individuellen Erzeugnisse kleiner Betriebe, deutlich ausgeschildert und natürlich etwas teurer.
In den Supermärkten müssen die Abteilungen für Fleisch- und

Milchprodukte, für Obst und Gemüse wenigstens teilweise vom zentral georderten Massengeschäft abgekoppelt werden, so dass jeder Filialleiter seine eigene zusätzliche Auswahl an besonders guten Produkten aus der Umgebung und entsprechend dem jahreszeitlichen Angebot treffen kann. Dann brauchen, um bei unserem Beispiel zu bleiben, nicht gleich Millionen Salatköpfe auf tagelange Reise zu gehen, sondern können einzelne Steigen von Gärtnern täglich frisch in den Laden gebracht werden. Wenn wir wirklich Qualität wollen, dann können wir sie gerade jetzt durchsetzen: Wir müssen sie nur verlangen und natürlich auch bezahlen!

Zu neuen, den alten Zielen

»Bio« lautet ein neues Zauberwort. Eine an der Ökologie orientierte, nur aus dem Kreislauf der Natur schöpfende Landwirtschaft. Ein hehres Ziel. Aber nicht so schnell zu erreichen, Herr Bundeskanzler! Die Umstellung braucht Zeit und kostet viel Geld – und außerdem kann auf diese Weise gar nicht alles erzeugt werden, was wir benötigen. Nicht umsonst sind Kunstdünger und Pflanzenschutzmittel entwickelt worden. Mit ihnen lässt sich schließlich mehr und preiswerter produzieren! Nur: Man soll diese Mittel so vernünftig wie nötig und so maßvoll wie möglich einsetzen. Viel wichtiger als die durchaus zu begrüßende, aber auch immens aufwendige Vermehrung der Bio-Betriebe sind daher vergleichsweise einfach zu realisierende Programme für eine durchsichtige Produktion in herkömmlichem Sinne.

Da muss auch gleich begrifflich etwas getan werden: Es ist doch geradezu grotesk, dass »traditionelle Landwirtschaft« genannt wird, was die verantwortungsloseste Massenproduktion bedeutet, während die tatsächlich auf überlieferte Methoden zurückgreifende Erzeugung »alternativ« genannt wird.

Tradition sollte auch bedeuten, dass die Verantwortlichkeit des Produzenten gegenüber dem Verbraucher wieder klar wird – zum Beispiel dadurch, dass man den Erzeuger und den Händler persönlich kennt. Oder kurze Wege und damit wieder eine lückenlose Nachweisbarkeit der Qualität.

Unsere Lebensmittel sind Produkte der Natur. Und die Natur ist im Prinzip des Menschen Feind – deshalb musste er sie zähmen, die uns längst als ganz »normal« und »natürlich« erscheinenden Produkte der Landwirtschaft in teilweise jahrtausendelanger Arbeit erst züchten, um sie in der heute von uns gewünschten Qualität anbieten zu können. Immer hat der Mensch in den Kreislauf der Natur eingegriffen, um die Mittel des täglichen Lebens und des verfeinerten Genusses zu schaffen, zu verbessern, sicherer zu machen, zu entgiften, kurz: zu optimieren.

Es scheint aber, als hätten wir in der letzten Zeit das richtige Maß verloren. Wir müssen den Kreislauf des Lebens wiedergewinnen. Ohne Scheu, aber auch ohne blindes Vertrauen in technologische Verfahren. Wir brauchen keine Fettaustauscher, keine Fette und Eiweiße aus Kläranlagen. Was sollen uns synthetisch komponierte Lieferanten von lediglich ernährungswissenschaftlich erkannten Grundbausteinen, wenn unser Körper nach biologisch korrekt erzeugten Mitteln zum Leben verlangt? Weg mit den eilig durch Gentechnologie erzeugten, nur die Herstellung erleichternden Produkten und her mit solchen, die Genuss verschaffen! Wir sind gegen manipulierte, nichts als billige (oder nur für billige Produktion geeignete) Erzeugnisse, die uns ohnehin nur fett und satt, süchtig und krank machen. Wir fordern gehaltvolle und vollwertige, dem menschlichen Organismus entsprechende, uns selbstverständlich sättigende und zufrieden machende, aber zugleich stärkende und gesund erhaltende Lebensmittel. Wir brauchen eine saubere, »gläserne« Produktion, die ethischen Grundsätzen und der Fairness gegenüber allen Beteiligten verpflichtet ist, die unser Vertrauen zurückgewinnen kann und muss. Sonst macht das Leben doch keinen Spaß!

Januar

Bildschön sieht er aus, ein Bund junger Möhren, frisch aus der Erde gezogen, kurz unter dem Wasserstrahl abgebürstet, leuchtend orange, mit dem dichten, dunklen Grün seiner Blätter. Es gibt Marktfrauen, die diesen grünen Schopf packen, bevor man sich recht dagegen wehren kann, mit einem rohen Griff abdrehen, damit die Möhren besser in die Tüte passen. Das tut einem doch in der Seele weh. Es lässt sich zwar mit den Blättern in der Küche nichts anfangen, aber sie sorgen dafür, dass die Möhren weiterhin mit Feuchtigkeit und Nahrung versorgt werden, sie halten sie also frisch. Und: ein paar der dichten, hübschen Blätter sorgen in der Vase für frisches Grün zwischen den Blumen.

Möhren – verblüffend vielseitig!

Gemüse mit der fröhlichen Farbe

Es ist wirklich erstaunlich, was man alles mit Möhren anstellen kann: Sie gehören als Würzzutat ins Suppengrün, sie geben der Brühe nicht nur Geschmack, sondern auch eine schöne Farbe. Man kann sie roh essen, gedünstet, gekocht, gebraten und sogar zum Brot- oder Kuchenbacken verwenden. Ein Gemüse, mit dem man sich ruhig näher beschäftigen kann.
Was man daraus macht, hängt zuallererst davon ab, ob es zarte junge Möhren sind, die man nur sanft dünsten muss, oder ob man ausgewachsene, schon gelagerte Exemplare hat, die man lange schmoren muss, bis sie weich werden. In jedem Fall gehören sie gründlich geputzt und gewaschen: »Ich schäle Möhren am liebsten mit dem Sparschäler«, sagt Martina, »das geht schnell, außerdem haben die Möhren dann eine ganz glatte Außenschicht!« Moritz schwört darauf, sie mit dem Messerrücken zu schrappen, so habe das seine Mutter auch immer gemacht... Allerdings, das muss er zugeben: Dabei wird die Fruchthaut aufgerissen, die Möhren verlieren schneller ihren Biss.

Im Bund oder lose? Einkaufstipps

Wer so genannte Bundmöhren einkauft, der sollte, wie gesagt, die Marktfrau rechtzeitig daran hindern, den Möhren diesen Lebenssaft zu nehmen. Übrigens sind diese Blätter der sichere Indikator, ob die Möhren auch frisch sind – welke, gelbe Blätter deuten darauf hin, dass die Möhren selbst auch nicht mehr die knackigsten sind.
Bundmöhren sind jung und klein, also besonders zart. Man sollte ihnen ruhig eine Hauptrolle gönnen und sie nicht im Chor des Wurzelwerks in der Suppe oder im Schmortopf untergehen lassen. Man kann sie im Ganzen oder längs geviertelt, in Butter knackig gedünstet, als dekorative

Beilage servieren – besonders hübsch: wenn man den grünen Stielansatz der Blätter ein, zwei Zentimeter lang stehen lässt. Sein Grün wird beim Dünsten noch leuchtender und ergibt einen dekorativen Effekt auf dem Teller. Bundmöhren halten nicht lange, sie verlieren rasch ihren Schmelz. Unbedingt gehören sie in ein feuchtes Tuch gewickelt in das Gemüsefach des Kühlschranks, wo sie jedoch auch nicht länger als eine knappe Woche einigermaßen frisch bleiben. Die gemütlichen, dicken Waschmöhren, die ohne ihr Grün auf dem Markt in einer großen Kiste angeboten werden, sind da erheblich robuster. Sie lassen sich gut einlagern. Die Bauern und Händler mieten sie ein, von Sand oder von Erde bedeckt, wo sie von genügend Feuchtigkeit umgeben und vor dem Austrocknen geschützt sind. So kann man sie ohne Qualitätsverlust monatelang aufbewahren. Diese Möhren gibt es auf unseren Märkten rund ums Jahr, sie sind eine verlässliche und wichtige Zutat in unserer Küche. Nicht nur als Gemüse, sondern auch als stets verfügbare und immer passende Würze für Suppen und Saucen, als Einlage in der klaren Brühe, als Farbtupfer in Füllungen. Möhren geben Farbe, Biss und sind universal einzusetzen!

Möhren sind gesund!

Übrigens wollen wir an dieser Stelle einmal festhalten, dass Möhren nicht nur vielseitig, sondern auch überaus gesund sind. Es steckt eine Unmenge Provitamin A in ihnen – und auch sonst reichlich Mineralstoffe und Spurenelemente, insgesamt reichlich Vitalstoffe, darunter versteht man die Wirkkraft, die dem Körper zugeführt wird, um sich zu regenerieren, gegen freie Radikale vorzugehen, insgesamt Kraft zu entwickeln. Wichtig ist dabei zu wissen, dass das Provitamin A fettlöslich ist. Das heißt, es wird nur in Verbindung mit Fett überhaupt freigesetzt und vom Körper aufgenommen. Deshalb muss man also immer ein bisschen Butter oder Öl an das Möhrengemüse tun, auch den Salat stets mit Öl anmachen, selbst, wenn man gerade auf Diät ist.

Möhrencremesuppe mit indischem Duft

Für vier bis sechs Personen:

ca. 1 kg Möhren
1 große weiße Zwiebel
3–4 Knoblauchzehen
75 g Butter
1 walnussgroßes Stück Ingwer
1–2 Chilischoten
1 ganzer Sternanis
1/2 TL gemahlener Kreuzkümmel
Salz, Pfeffer
ca. 3/4 l Hühnerbrühe

Zum Garnieren:
2 EL frisches Tomatenpüree
2 EL Crème fraîche
1 EL Balsamicoessig
2 EL geröstete, gesalzene Macadamianüsse
1 Bund Koriandergrün

1 Die Möhren putzen, schälen und würfeln. Zusammen mit der fein gewürfelten Zwiebel und dem gehackten Knoblauch in 2 Esslöffeln Butter weich dünsten, dabei den geschälten und klein gewürfelten Ingwer und die Chilischoten, Sternanis und Kreuzkümmel zufügen, dann salzen und pfeffern.

2 Mit Brühe auffüllen, zugedeckt etwa 20 Minuten leise köcheln. Im Mixer oder mit dem Pürierstab fein pürieren, dabei die restliche Butter zur Bindung mitmixen. Nochmals abschmecken, erhitzen und in tiefen Tellern anrichten.

Dafür werden Möhren geputzt, geschält und gewaschen. Klein gewürfelt werden sie dann mit gehackter Zwiebel, Knoblauch, einem Stück Ingwer und indischen Gewürzen wie Chili, Sternanis und Kreuzkümmel in einer leichten Brühe weich gekocht. Die Suppe wird mit dem Mixstab aufgeschlagen, herzhaft abgeschmeckt und heiß serviert.
Es kommen noch mit Koriandergrün gemixte Nüsse darüber, eine Dekoration aus rotem Tomatenpüree, weißer Crème fraîche und dunklem Balsamicoessig – fertig ist eine leichte, kalorienarme und wunderbar schmeckende Suppe.

3 Jeweils 1 Teelöffel Tomatenpüree und Crème fraîche nebeneinander in die Mitte setzen, mit einem Zahnstocher ineinander verschleifen. Den Balsamico dekorativ dazwischen tropfen. Und zum Schluss alles mit den Nüssen überkrümeln, die mit dem Koriandergrün im elektrischen Zerhacker zerkleinert wurden.

TIPP

Diese mit Kräutern gemixten Nusskrümel kann man auch über Salate streuen, um ihnen Biss und Farbe zu geben. Probieren Sie mal statt Macadamianüsse Erdnüsse, Cashewnüsse oder geschälte Mandeln.

Pasta mit Möhren

Für vier bis sechs Personen:

400 g Bandnudeln
Salz
4 dicke Möhren
3 EL Olivenöl
1–2 Chilischoten
3 Knoblauchzehen
1 Bund Frühlingszwiebeln
Pfeffer
75 g frisch geriebener Parmesan
einige Tropfen Balsamico
Petersilie
Butter nach Belieben

1 Die Nudeln in reichlich Salzwasser bissfest kochen. Bei selbst gemachten, frischen Nudeln (siehe Tipp) dauert das höchstens 2 Minuten! Bei fertig gekauften Nudeln die Packungsaufschrift beachten.

2 Inzwischen mit einem Sparschäler oder auf der Aufschnittmaschine die möglichst dicken Möhren längs (!) in hauchdünne Scheiben oder Streifen schneiden, etwa von der Breite der Nudeln. Diese Möhrenstreifen zunächst in einem Sieb für eine Minute ins kochende Nudelwasser tauchen, dann kalt abschrecken und schließlich in einer großen, möglichst tiefen Pfanne in heißem Olivenöl schwenken. Dabei eine zerkrümelte Chilischote zufügen, ebenso den durch die Presse gedrückten Knoblauch.

3 Die Frühlingszwiebeln ebenfalls längs halbieren oder sogar vierteln und zu den Möhren geben. Alles mit Salz und Pfeffer würzen, eine kleine Schöpfkelle Nudelkochwasser zufügen, zugedeckt etwa 10 Minuten dünsten.

Natürlich italienisch inspiriert: Wir nehmen breite Bandnudeln dafür, sogenannte Papardelle, am liebsten selbst gemacht, notfalls auch fertig gekauft. Pfiffig der Effekt, der entsteht, wenn man die Möhren längs in feine Scheiben schneidet - auf dem extrafeinen Gemüsehobel, auf der Aufschnittmaschine oder mit dem Gurken- oder Kartoffelschäler.

4 Den geriebenen Parmesan sowie die Bandnudeln rasch untermischen und alles miteinander eine knappe Minute schmurgeln lassen.

5 Schließlich mit Balsamico beträufeln, gehackte Petersilie und nach Belieben ein Stückchen Butter untermischen und sofort servieren.

Getränk: Hervorragend wird dieses Gericht begleitet von einem trockenen, aber nicht zu säurebetonten Weißwein, vorzugsweise aus Italien – etwa Vernaccia di San Gimignano oder einem Vermentino aus Sizilien, Ligurien oder der Toskana.

Möhren aus dem Wok

Für vier Personen:

3 Möhren
100 g Bambussprossen
1 rote Zwiebel
50 g Sojakeime
1–2 Chilischoten
200 g Schweinefilet
1 TL Speisestärke
3 EL neutrales Öl
1 EL Sesamöl
Salz, Pfeffer
je 1 gehäufter TL fein gewürfelter Ingwer und Knoblauch
Zucker
je 2 EL Sojasauce und Sherry
Koriandergrün

1. Möhren putzen und wie beschrieben in streichholzfeine Streifen schneiden. Ebenso die Bambussprossen auf Streichholzgröße zuschneiden. Die Zwiebel schälen, halbieren, jede Hälfte in schmale Segmente schneiden – möglichst so, dass sie an ihrem Wurzelansatz noch zusammenhängen! Sojakeime waschen und abtropfen. Die Chilis entkernen und fein würfeln.

2. Das Schweinefilet zuerst in Scheiben, dann in schmale Streifen schneiden. Mit Stärke überpudern und gut damit einreiben. Sie legt sich wie ein Film über das Fleisch und verbindet sich in der Brathitze mit dem Eiweiß zu einem dichten Schutzmantel, der das Fleisch zart und saftig hält.

3. Das Öl, beide Sorten, im Wok erhitzen. Zuerst das Fleisch darin rasch unter Rühren braten, bis es seine rohe Farbe verloren hat, dabei sofort salzen und pfeffern, außerdem die Hälfte des Ingwers und Knoblauchs sowie des Chilis zufügen. Schließlich herausheben und beiseite stellen.

Für den Wok sollten Möhren immer möglichst klein geschnitten werden, Streichholzgröße ist ideal. Der Trick, damit alle Streifen gleich dick sind und dann dieselbe (kurze!) Garzeit haben: Auf dem Gemüsehobel oder auf der Aufschnittmaschine längs in Scheiben schneiden, diese dann mit einem scharfen Messer wiederum längs in Streifen schneiden und auf Streichholzlänge kürzen.

4 Dann das Gemüse nacheinander in den Wok werfen, dabei ständig rühren und auf stärkstem Feuer braten. Ebenfalls sofort salzen, pfeffern, Ingwer und Knoblauch hinzu streuen und mit Zucker würzen.

5 Schließlich das Fleisch zurück in den Wok geben und alles mit der Bratschaufel mischen. Sojasauce, Sherry und Hühnerbrühe angießen. Unter ständigem Herumwirbeln und Rühren aufkochen und sofort servieren, am besten zusammen mit dem duftigen, schneeweißen Jasmin- beziehungsweise Duftreis aus Thailand.

TIPP

Statt Schweinefilet können Sie für dieses in Windeseile pfannengerührte Gericht natürlich jedes andere Fleisch verwenden, Hähnchenbrust oder anderes Geflügel, auch Rinderlende oder Wild. Wichtig: Das Fleisch sollte immer quer zur Faser geschnitten werden, sonst wird es sogar trotz des formidablen Tricks mit dem Stärkemantel zäh!

Getränk: Dazu passt ein fruchtiger Weißwein, etwa ein trockener Muskateller oder ein Riesling von der Nahe oder von der Mittelmosel. Man kann dazu aber auch ebenso gut einen frischen, kellerkühlen Rotwein trinken, zum Beispiel einen Beaujolais oder einen Dolcetto aus dem Piemont.

Herzhafter Möhreneintopf mit Lamm

Für vier bis sechs Personen:

1 kg Lammschulter
2 EL Olivenöl
Salz, Pfeffer
1 Kräuterstrauß aus
3 Thymianzweigen
1 Rosmarin- und einigen
Petersilienzweigen
2 große Zwiebeln
1 kleine Hand voll
Knoblauchzehen
ca. 1 kg Möhren
1 kg Kartoffeln
1/2 l Brühe
Petersilie

1 Wenn man die ganze Lammschulter hat, umso besser: das Bratenstück in den Gelenken in 3 Portionen teilen und das Fleisch am Knochen braten – so bleibt es saftiger, außerdem hat das am Knochen gegarte Fleisch stets mehr Geschmack! Sollte es jedoch bereits ausgelöst sein, das Fleisch in nicht zu kleine Würfel schneiden, sie sollten eine Kantenlänge von mindestens 4 bis 5 Zentimeter haben.

2 Die Fleischwürfel im heißen Olivenöl in einem großen Schmortopf rundum kräftig anbraten. Salzen, pfeffern und Thymianzweige zufügen. Die Zwiebeln fein würfeln und mitrösten, den Knoblauch durch die Presse hinzugeben; schließlich die geschälten und gewürfelten oder in Scheibchen gehobelten Möhren.

3 Sobald auch sie angedünstet und gewürzt sind, die geschälten, halbierten oder sogar geviertelten Kartoffeln zufügen. Mit Brühe ablöschen – nur so viel Brühe angießen, dass die Kartoffeln noch herausschauen.

Reichlich Möhren in Scheiben mit würzigem Lammfleisch in Würfeln, gehackten Zwiebeln, Knoblauch und Kartoffeln – schön langsam geschmort, damit sich die Aromen gegenseitig mitteilen und das Gemüse butterzart wird. Der Eintopf ist keine Suppe, er wird nicht mit dem Löffel, sondern mit der Gabel gegessen!

4 Zugedeckt nunmehr auf mildem Feuer oder im auf 160 Grad vorgeheizten Ofen eineinhalb bis zwei Stunden garschmoren. Ab und zu überprüfen, ob noch genügend Flüssigkeit im Topf ist und gegebenenfalls mit Brühe auffüllen. Falls man die Lammschulter mit Knochen angebraten und mitgeschmurgelt hatte, das Fleisch ablösen, in mundgerechte Würfel schneiden und zurück in den Topf geben.

5 Zum Schluss den Eintopf mit Zitronensaft abschmecken, reichlich fein gehackte Petersilie unterrühren und den Topf zu Tisch bringen.

TIPP

»...Wofür man ganz besonders schwärmt, wenn es wieder aufgewärmt.« Dieser Satz trifft auch für diesen Eintopf zu. Am nächsten Tag haben sich die Aromen und Düfte noch besser miteinander verbunden. Wer ihn allerdings einfrieren will, sollte die Kartoffelstücke vorher herausfischen – denen bekommt der Kälteschlaf nämlich weniger gut.

Getränk: Hierzu kann man erstaunlicherweise gut einen Weißwein trinken, allerdings sollte er nicht nur kräftig, sondern auch mit einer herzhaften Säure ausgestattet sein, wie ein Albariño aus Rias Baixas in Nordspanien, ein klassischer Burgunder, ein Chardonnay aus Norditalien (Friaul!) oder der Südsteiermark (dort Morillon genannt). Aber selbstverständlich passt auch ein gut strukturierter, nicht zu milder Roter – vom Chianti über Bordeaux bis zum deutschen Spätburgunder.

Möhren-Sellerie-Salat

Für zwei Personen:

2 Möhren
2 Selleriestangen
2 Frühlingszwiebeln
2 EL Zitronensaft
Salz, Pfeffer
1 Prise Zucker
Cayennepfeffer
1 EL Balsamicoessig
3 EL Olivenöl

1 Möhren in feine Streifen raspeln, Sellerie in dünne Scheibchen hobeln, die Blätter fein schneiden. Frühlingszwiebeln putzen und quer in feine Ringe schneiden.

2 Alles mischen und mit Zitronensaft, Salz, Pfeffer, Zucker, Cayennepfeffer, Balsamicoessig und Olivenöl anmachen.

Beliebt sind Möhren auch im Salat. Aus den zarten, jungen Bundmöhren gerät er zur Delikatesse. Vor allem, wenn man dafür auch ebenso zarten Stangen- beziehungsweise Bleichsellerie zur Verfügung hat.

Auch die Blätter vom Stangensellerie sollten frisch und knackig sein.

Olivenöl – je nach Herkunft hat es eine unterschiedliche Farbe, Duft und Geschmack. Deshalb sollte man ruhig mehrere Sorten in Gebrauch haben!

Getränk: Ein leichter, fruchtiger deutscher Weißwein – Badischer Gutedel, Hessischer Silvaner oder ein Riesling Kabinett.

Möhrentorte

Für vier Personen:

Für eine Springform von 24 cm Durchmesser:
5 Eier
abgeriebene Schale von 1 Zitrone
300 g Zucker
300 g Möhren
300 g Mandeln
3 EL Speisestärke
1 TL Backpulver
1 Messerspitze Zimt
1 Prise Salz
Butter für die Form

Für den Guss und die Garnitur:
200 g Puderzucker
2 EL Zitronensaft
Pistazienkerne

1 Die Eier trennen. Eigelb mit dem Handrührer dick und cremig schlagen, dabei die Zitronenschale und nach und nach den Zucker zufügen.

2 Die Möhren schälen, auf der Reibe fein zermusen, die Mandeln im Zerhacker fein zerkleinern. Beides unter die Eiercreme ziehen, dabei sogleich die Stärke und das Backpulver untermischen. Mit Zimt und Salz würzen. Schließlich den steif geschlagenen Eischnee unterheben.

3 Diese Masse in eine ausgebutterte Form füllen. Bei 180 Grad etwa eine Stunde backen. 10 Minuten in der Form auskühlen lassen, dann herauslösen und auf ein Kuchengitter gestürzt endgültig auskühlen.

4 Für den Guss Puderzucker mit Zitronensaft glatt rühren und gleichmäßig auf dem noch lauwarmen Kuchen verstreichen. Auf den noch feuchten Guss mit lockerer Hand die Pistazienkerne verteilen.

Der saftigste Kuchen der Welt, obwohl kein Gramm Butter darin steckt: geriebene Möhren geben dem Teig eine unnachahmliche Lockerheit, gemahlene Mandeln die Stabilität. Der Kuchen wird mit Zitronenguss überzogen und mit Pistazienkernen dekoriert. Das wird der Super-Luxus-Winterkuchen, der sofort Sonne ins Herz zaubert.

TIPP

Je weniger Flüssigkeit man für den Zuckerguss nimmt, desto dichter und weißer wird er. Wer mag, kann ihn auch poppig einfärben und mit roter, gelber oder blauer Lebensmittelfarbe schräge Effekte erzielen. Aber Vorsicht: wenige Tropfen genügen...

Getränk: Ein würziger Tee, ein starker und mit Sahne zu goldener Farbe veredelter Kaffee oder ein schöner süßer Wein – vom alkoholarmen, aber lebendig prickelnden Moscato d'Asti bis zum schweren Tokaier.

Februar

Orangen haben im Winter Hochsaison – sie kommen aus allen warmen Regionen Europas rund ums Mittelmeer: aus Griechenland und der Türkei, aus Israel, Tunesien und Marokko, aus Sizilien und aus Spanien. Sie gehören in die große Familie der Zitrusfrüchte – aber diesmal wollen wir die Geschwister wie Zitronen, Pampelmusen, Mandarinen etc. außer Acht lassen. Ob Orangen ihren Namen der Farbe gegeben haben oder die Farbe nach ihnen heißt, wer weiß das schon.

Orangen – die Vitaminbomben

Die Familie der Zitrusfrüchte ist groß

In Italien spricht man von *agrumi* – von *agro* = sauer; obwohl es ja Orangen gibt, die eher süß sind –, wenn man Zitrusfrüchte meint. Tatsächlich haben die italienischen, aber auch die Valencianer und Mallorquiner Orangen eine ausgeprägtere Säure als die Früchte aus nordafrikanischen Anbaugebieten, aus Asien und aus Amerika. Erst wenn man die Schale mit verwendet, in der ja die vielen ätherischen Öle und der charakteristische würzige Geschmack stecken, kommt noch ein gewisser Bitterton dazu.

Unsere Großeltern haben übrigens meist Apfelsine zur Orange gesagt: Es war eben ein sinesischer Apfel, also der Apfel aus China. Die Orange, lateinisch *citrus*, trägt sozusagen als Familiennamen die Bezeichnung *sinensis*, weil sie ursprünglich aus China stammt. Und so nannte man sie auch Sina-Apfel beziehungsweise Pommesine. Man unterscheidet übrigens zwei grundverschiedene Orangensorten, beide mit Nachnamen *sinensis*: die süße *(citrus dulcis)* und die bittere *(citrus amaro)*. Und dann gibt es noch die kleinen Kumquats, deren lateinischer Name *citrus japonica* verrät, dass sie aus Japan kommen. Bei diesen Früchten ist die Schale so süß und mild, dass man sie ohne weiteres mitessen oder mitverarbeiten kann. Calamondin-Orangen sind bei uns nur sehr selten zu finden - ihre grünliche Schale wird in ähnlicher Weise zum Würzen verwendet wie die der Kaffirzitrone (Makrut), die in der Thaiküche so wichtig ist.
Die bittere Orange, auch Bergamotte-Orange genannt, ist übrigens tatsächlich unsäglich bitter. So bitter, dass man sie niemals pur isst, sondern sie hauptsächlich zu Marmelade verarbeitet. Die berühmte Orangenmarmelade, die auf keinem englischen Frühstückstisch fehlen darf, wird aus genau diesen Früchten zubereitet und verdankt ihnen ihr charakteristisches bittersüßes Aroma. Auch der feine Earl Grey Tea ist mit ihren ätherischen Ölen gewürzt.

Orangenschalen finden Verwendung in der Gewürz- oder Duftindustrie. Und natürlich in der häuslichen Küche – freilich darf man dafür nur die Schale

von naturbelassenen Früchten nehmen, die nicht gegen Schimmelbildung behandelt oder gewachst wurde: Etwas frisch abgeriebene Orangenschale würzt den Rühr- oder Biskuitteig. Man braucht den Duft der Schale für Punsch, für diverse Drinks und kann damit Cremes und Eismasse parfumieren. Man reibt sie entweder auf einer feinen Reibe ab, am besten direkt über der Teigschüssel, damit die ätherischen Öle nicht wild in die Gegend spritzen und verfliegen, sondern möglichst viel davon in

mit Salz zu vermischen. Mit der salzigen Variante lassen sich pfiffige Effekte erzielen: Würzen Sie damit mal zum Beispiel gedämpftes Fischfilet, zartes Gemüse, rosa gebratene Kalbsleber oder einen ganz normalen Linseneintopf! Die mit Zucker oder Salz vermischte Orangenschale in gut schließenden Schraubgläsern kühl, also im Kühlschrank, aufbewahren.
Es empfiehlt sich, die Früchte hierfür nur dann zu kaufen, wenn man in hohem Maße sicher sein kann, dass sie umweltfreundlich und giftfrei angebaut wurden und die Schale nicht behandelt ist. Solche Ware ist teurer und nur in wenigen guten Geschäften, in Reformhäusern und manchmal auf dem Markt zu bekommen.

Kandierte Orangenschalen

Der Konditor liebt Orangenschale auch zum Kandieren. Das ist für die heimische Küche leider ein wenig zu kompliziert. Bis die hauchdünn angeschnittenen Schalenstreifen richtig kandiert sind, müssen sie tagelang in einer immer stärker konzentrierten Zuckerlösung baden. Aber man kann dennoch ganz leicht ein delikates Konfekt daraus machen, das jedoch für den baldigen Verzehr gedacht ist: Die Schalen mit einem Gurken- oder

Kartoffelschäler in Streifen anschneiden – es darf nichts von der weißen Innenhaut daran bleiben. Sie in einem Sirup aus 1/8 Liter Wasser und 250 Gramm Zucker etwa fünf Minuten köcheln, dann auf einem Gitter trocknen. Noch bevor sie vollständig trocken sind in feinem Kristallzucker wenden, bis sie rundum davon überzogen sind. Schmecken himmlisch!

Orangenblüten

Orangenblüten mit ihrem betörenden Duft verwendet man nicht nur für Parfums, indem man aus ihnen kostbare Essenzen destilliert, man schätzt sie auch in der Küche, zum Beispiel für Orangenblütenwasser, das wiederum zum Parfumieren von Süßspeisen gebraucht wird. Und das man sehr gut statt des üblichen Rosenwassers zum Herstellen von Marzipan verwenden kann. Besonders köstlich auch: Orangenblüteneis. Einfach die Vanille für die Grundmasse durch einige Tropfen Orangenblütenwasser ersetzen.

Orangen und ihre Farben

Es gibt blonde Orangen, Halbblut- und Blutorangen – letztere mit ihrem tiefroten Fleisch schmecken besonders aromatisch und frischfruchtig. Sie stammen aus Sizilien und sind nur vergleichsweise kurze Zeit auf dem Markt. Die ersten Früchte kommen noch zu teuren Preisen kurz vor Weihnachten auf den Markt. Ihre Hoch-Zeit, zu der sie am besten schmecken und man sie trotzdem für günstigeres Geld kaufen kann, ist jetzt im Februar.

Navelorangen, aus Spanien, Griechenland und aus Amerika, haben einen kleinen Nabel an der dem Stiel gegenüberliegenden Seite. Mit ihrem festen, trockenen Fleisch sind sie eher zum Puressen als zum Saften beliebt, während die besonders saftreichen Valencia-Orangen eher zum Auspressen geeignet sind. Das weiß die Saftindustrie zu schätzen, die für ihre Säfte und Konzentrate vor allem diese verwendet.

Vitamine, Saft und Kraft

Es steckt eine Menge Vitamin C in Orangen; jetzt im Winter, wo Frisches eher schwierig zu bekommen ist, sind sie deshalb eine willkommene Vitaminspritze. Übrigens haben Orangen zweimal mehr Vitamin C als Mandarinen! Außerdem enthalten sie Vitamin

A und B sowie eine gute Portion Calcium, Phosphor und Magnesium. Natürlich ist von alledem im frisch gepressten Saft mehr enthalten, als wenn man den aus der Flasche oder gar Tüte nimmt. Ganz zu schweigen, dass er einfach viel besser schmeckt! Und noch eins: Wir haben festgestellt, dass es sich lohnt, gerade bei Orangen nicht unbedingt das billigste Sonderangebot zu nehmen: Wir haben nachgemessen: die Billigfrüchte aus dem großen Netz gaben glatt halb so viel Saft her, wie die Kiloware. Man spart also gar nix – und: der Saft aus den teureren Früchten hatte das bessere und intensivere Aroma!

Eine Auswahl, frisch gepflückt: zwischen den Zitronen links und beiden Orangen rechts liegt eine Bitterorange, die man an ihrer etwas helleren und dünnen Schale erkennt. Ganz vorn zwei Mandarinen und oben rechts eine dickschalige Cedrat, jene milde Zitronensorte, deren Schale man zu Sukkade (Zitronat) kandiert.

Kabeljaufilet mit Orangensauce

Für vier Personen:

4 dicke Stücke Kabeljaufilet
à ca. 150 g
Salz, Pfeffer
2 EL Olivenöl
2 Frühlingszwiebeln
Orangenschale

Orangensauce:
1/2 ungespritzte Orange
1 EL junge Rosmarinnadeln
3–4 EL Olivenöl
1–2 EL Zitronensaft
Petersilie
Salz, Pfeffer

1 Die Fischfiletstücke rundum salzen, pfeffern und mit Olivenöl einreiben. Nebeneinander auf einen mit Olivenöl eingepinselten Teller betten. Mit fein geschnittenen Frühlingszwiebeln und mit abgeriebener Orangenschale oder mit dem Zestenreißer geschnittenen Zesten (siehe Tipp) bestreuen.

2 Auf einem Untersatz – zum Beispiel eine umgestülpte Tasse oder einen Gitterrost – in einen Topf setzen, in dem dreifingerhoch Wasser kocht. Einen ausreichend hohen Deckel auflegen und das Fischfilet nunmehr im aufsteigenden Dampf etwa 6 bis 8 Minuten sanft garen. Neben dem Herd weitere 5 Minuten zugedeckt nachziehen lassen, bevor serviert wird.
Übrigens ist zum Dämpfen der Wok ideal geeignet!

3 Für die Sauce die Orange mit ihrer Schale in Stücke schneiden, die Kerne herauslösen und entfernen. Die Orangenstücke mit den übrigen Zutaten im Mixer pürieren und cremig aufschlagen. Diese Sauce in der Mikrowelle behutsam erwärmen – oder auch kalt zum Fisch servieren. Wird sie warm serviert, auch den Saft, der sich beim Fischdämpfen gebildet hat, untermixen.

Dafür kauft man am besten die dickeren Rückenstücke vom Kabeljaufilet. Manche Fischhändler bieten sie sogar bereits fix und fertig vom dünneren Bauchteil abgetrennt an – die besten kommen aus Island. Wenn nicht, bitten Sie ihn einfach darum. »Da freuen sich die Mütter mit Kindern«, sagt unser Fischhändler, »die sind froh, wenn die Fischstücke nicht so dick sind.« Und so ist allen geholfen.

4 Die Sauce schmeckt kalt hervorragend und bleibt in einem gut verschlossenen Schraubglas sogar einige Tage frisch. Falls man sie dann womöglich zu kaltem Fleisch oder zu Gemüse reichen will, mixt man sie statt mit Fischsud lieber mit einem guten Schuss Hühner- oder Gemüsebrühe auf.

5 Als Beilage genügt frisches Baguette, man könnte aber auch Nudeln oder Kartoffeln servieren.

TIPP

Wenn Sie nicht sicher sind, ob die Orangen, die Ihnen Ihr Händler anbietet, tatsächlich ungespritzt sind, dann müssen Sie sie schrubben. Richtig mit heißem Wasser und mit einer Wurzelbürste und ruhig ein Tropfen Spülmittel dazunehmen, den Sie natürlich dann wieder sehr gründlich entfernen!

Als Getränk empfiehlt sich ein trockener Chardonnay, der den kräftigen Zitrusaromen Widerpart bieten kann. Das tut er vor allem dann, wenn er im Barrique, also im kleinen Eichenfass, ausgebaut wurde. Wir haben einen Chardonnay vom Kaiserstuhl aus dem Weingut Frank Keller dazu getrunken.

Orangensalat mit Hähnchenbrust

Für vier Personen:

2 Halbblutorangen
2 Chicoréekolben
1 rote Zwiebel
1 dicker Strauß Kräuter (Minze, Koriandergrün und/oder Basilikum)
Salz, Pfeffer
1 kleine rote Chilischote
2 EL Rotweinessig
1 TL Senfpulver
3 EL Olivenöl

Gebratene Streifen von Hähnchenbrust
2 Hähnchenbrüste, ca. 250 g
2 EL Olivenöl
Salz, Pfeffer
1 EL Sojasauce
1 EL Balsamicoessig
1/2 Orange (die abgeriebene Schale sowie der Saft)

1 Die Orangen mit dem Messer so schälen, dass die weiße Haut ebenfalls entfernt wird – wie einen Apfel also. Die Früchte dann quer in sehr akkurate, knapp halbzentimeterdünne Scheiben schneiden.

2 Chicorée putzen und die äußeren welken oder beschädigten Blätter entfernen. Es ist übrigens nicht mehr nötig, den Strunk keilförmig herauszuschneiden, wie man das früher tat. Dort vermutete man Bitterstoffe. Diese hat man dem Chicorée jedoch längst weggezüchtet: Wirklich bitter ist er schon lange nicht mehr. Leider, denn die Bitterstoffe wirken appetitanregend, verdauungsfördernd und blutreinigend! Die Kolben waschen und schräg in ebenfalls halbzentimeterbreite Scheibchen schneiden.

3 Die Zwiebel schälen und in sehr feine Ringe hobeln. Die Kräuter von ihren Stielen zupfen.

4 In einer Salatschüssel aus Salz, Pfeffer, sehr fein gehackter Chilischote (Kerne entfernen, falls man allzu große Schärfe fürchtet), Essig und Senfpulver gründlich verquirlen, etwas ziehen lassen, damit sich der Ge-

Eine hübsche Vorspeise in einem winterlichen Menü. Wer den Salat als kleine Mahlzeit oder Imbiss servieren will, kann die Mengen ruhig verdoppeln.

schmack des Senfpulvers entwickeln kann. Dafür braucht es mindestens eine halbe Stunde! Erst dann das Öl zufügen und alles zu einer cremigen Marinade rühren. Unmittelbar vor dem Servieren die vorbereiteten Zutaten darin mischen.

5 Die Hähnchenbrust im heißen Öl auf beiden Seiten langsam golden braten, dabei mit Salz und Pfeffer würzen. Mit Sojasauce, Balsamicoessig und Orangensaft einpinseln und auf kleinstem Feuer etwa 10 Minuten in der Pfanne mehr ziehen als braten lassen, dabei immer wieder drehen, damit die Stücke gleichmäßig durchgaren können. Zum Schluss für den Duft und die hübsche Optik mit abgeriebener Orangenschale oder mit Orangenzesten bestreuen.

6 Die Hähnchenbrüste in Alufolie wickeln und noch 10 Minuten ruhen lassen, bevor sie schräg in dünne Scheiben aufgeschnitten werden. Den Bratensatz mit dem restlichen Orangensaft loskochen.

7 Den Salat auf Tellern anrichten, die Hähnchenbrustscheiben dekorativ darauf anrichten. Mit dem Bratenjus beträufeln.

TIPP

Orangenzesten *nennt man in der Küchensprache sehr feine und ganz dünn abgeschnittene Streifen von Orangenschale. Das kann man mit der Hand schneiden, bequemer geht es allerdings mit einem so genannten Zestenreißer: Er sieht aus wie ein Messer mit abgebrochener Klinge, die an ihrer abgebrochenen Seite kleine Ösen trägt. Das nützliche Gerät kostet nicht viel. Und man kann damit nicht nur von Orangen oder Zitronen Zesten reißen, sondern auch aus Gurkenschalen, von Möhren oder Zucchini bunte Streifchen schneiden und so witzige, essbare Dekorationen für den Teller herstellen.*

Getränk: Ein frischer, leichter Rotwein, zum Beispiel einen Chianti aus den Colli Senesi – wir haben einen aus dem Weingut Farnetella getrunken.

Rehragout mit Orangensauce

Für vier Personen:

1 kg Rehfleisch (Keule oder Schulter) ohne Knochen
2–3 EL Butterschmalz oder Öl
Salz, Pfeffer
2 Möhren
2 Selleriestangen
das Weiße von 1 Lauchstange
1 Zwiebel
2 Thymianzweige
2 Salbeizweige
1 Lorbeerblatt
1–2 Chilischoten
2 Knoblauchzehen
3 unbehandelte Orangen (nach Belieben blonde oder Blutorangen – Letztere geben ein kräftigeres Aroma)
30 g Butter

1 Das Fleisch in nicht zu kleine Würfel schneiden, also von etwa 3 bis 4 Zentimeter Kantenlänge. In einem Bratentopf im heißen Butterschmalz oder Öl kräftig auf allen Seiten anbraten, am besten portionsweise, damit alle Würfel Bodenkontakt haben und wirklich braten und nicht etwa Saft ziehen und dünsten. Die Fleischwürfel salzen und pfeffern.

2 Möhren, Selleriestangen und Lauch sowie Zwiebel in feine Würfel oder Scheibchen schneiden. Zusammen mit den Kräuterstielen und den Chilischoten sowie dem durch die Presse gedrückten Knoblauch zufügen und mitschmurgeln lassen.

3 Zwei Orangen auspressen. Die dritte halbieren, die Kerne entfernen, die Hälften klein schneiden und ebenfalls in den Topf geben. Mit Orangensaft auf-

Hierfür braucht man nicht das teure, kurzfasrige Fleisch aus Rücken oder Oberkeule, sondern das billige, sehnendurchwachsene, langfaserige, gallerthaltige Fleisch aus Unterkeule oder Schulter. Das teure Fleisch schmeckt kurz gebraten besser, würde auf diese Weise zubereitet trocken und bröselig, während die langen Fasern der genannten Stücke durch die Sehnen und Häute mit gallertigem Saft versorgt und dadurch herrlich saftig werden. Lässt sich wie jedes Ragout gut vorbereiten und braucht nur noch aufgewärmt zu werden, wenn die Gäste vor der Tür stehen. Merke: »Wofür sie besonders schwärmt, wenn es wieder aufgewärmt...!«

füllen. Zugedeckt auf kleinem Feuer eine gute Stunde schmurgeln, bis das Fleisch zart ist – wie lange das genau dauert, hängt natürlich vom Alter des Tieres ab. Also ein kleines Stückchen abschneiden und probieren – eventuell eine weitere halbe Stunde sanft schmoren, bis die Fleischwürfel tatsächlich zart und mürbe sind.

4 Das Fleisch dann herausfischen und beiseite stellen. Die Sauce mit dem Mixstab aufschlagen und glatt pürieren. Falls der Pürierstab mit den Orangenstücken Schwierigkeiten hat und sie nicht richtig zermusen kann, den gesamten Topfinhalt in den Mixer füllen und dort glatt mixen. Dabei die Butter mitmixen. Sie gibt der Sauce Glanz und aromatische Fülle. Noch einmal abschmecken, die Rehwürfel wieder in dieser Sauce erwärmen.

5 Dazu schmecken Nudeln, Spätzle oder auch ein sahniges Kartoffelpüree.

Und als *Getränk* braucht man hierzu einen kraftvollen, dichten und alkoholreichen Rotwein. Auch diesmal haben wir uns für einen aus Italien entschieden, aus Süditalien, wo die Rotweine feurig und üppig gedeihen – einen Aglianico del Vulture, dessen Aromen selbst von Orangenschale geprägt zu sein scheinen. Man könnte sich aber auch gut einen spanischen Roten dazu vorstellen, etwa einen nicht zu jungen Rioja (gran riserva).

Orangeneis mit Orangenkompott

Für vier Personen:

Orangeneis:
4 Blutorangen
2 EL Orangenlikör
4 EL Zucker
1/8 l Sahne

Orangenkompott:
6 blonde Orangen
3 EL Zucker
1 Tütchen Vanillezucker
2 EL Orangenlikör
einige Minzeblätter

1 Die Orangen mit dem Messer so schälen, dass auch die weiße Innenhaut entfernt wird. Die Früchte halbieren und die Kerne entfernen. Dann im Mixer mit dem Zucker pürieren. Mit Orangenlikör würzen. Schließlich die Sahne mitmixen.

2 Die Masse in der Eismaschine gefrieren. Oder – falls man sich ohne eine solche behelfen muss – in eine Metallschüssel füllen und diese direkt auf den Boden des Gefrierfachs stellen. Nach zwei Stunden mit dem Schneebesen aufschlagen. Dies danach alle halbe Stunde wiederholen, bis die gewünschte Konsistenz erreicht ist.

3 Für das Orangenkompott 2 Früchte auspressen. Die restlichen in Filets schneiden: Zuerst die Früchte mit dem Messer bis aufs Fleisch schälen, dann die Fruchtabschnitte keilförmig aus den Zwischenhäuten schneiden. Dabei am besten über einer Schüssel arbeiten, damit der herabtropfende Saft aufgefangen wird. Auch die Häute zum Schluss noch fest ausdrücken.

4 Den Saft mit Zucker und Vanillezucker zu einem Sirup um etwa die Hälfte einkochen, mit Likör würzen. Diesen Sirup über die Orangenfilets gießen und mindestens 2 Stunden zugedeckt kalt stellen.

Hübsch ist es, wenn man für die beiden Rezepte verschiedene Orangensorten nimmt – Blutorangen beispielsweise für das Eis und für das Ragout die hellen blonden Orangen. Nicht nur, weil das nett aussieht, sondern vor allem, weil die unterschiedlichen Geschmäcker und Intensitäten der Würze sich gegenseitig beflügeln.

5 Zum Servieren das Eis mit einem Kugelformer auf Desserttellern anrichten. Mit dem Kompott umkränzen. Mit Minzeblättchen dekorieren.

Den Sirup schön dicklich einkochen, bevor die Orangenfilets hineingelegt werden, sie geben nämlich sofort eine Menge Saft ab und verdünnen ihn wieder. Auch wichtig: Den Topf sofort vom Feuer nehmen, die Orangenfilets nicht kochen, sondern nur in der nachlassenden Hitze ziehen lassen.

Getränk: Ein schwerer, süßer Muskateller aus dem Süden Frankreichs oder eine Trockenbeerenauslese aus dem Burgenland.

Campari-Orange auf neue Art

1 Campari in ein großes Weinglas über drei, vier Eiswürfel gießen. Ein großes Stück Orangenschale ganz dünn abschneiden – darauf achten, dass kein Fitzelchen weiße Innenhaut daran bleibt! – und zwischen Daumen und Zeigefingern über dem Glas ausdrücken. Das ganze Stück dann ins Glas geben.

2 Entweder pur servieren oder mit je einem Schuss prickelndem Sekt und frisch gepresstem Orangensaft auffüllen. Ein Stück Orange an den Glasrand stecken und mit einem Minzezweig dekorieren.

Campari-Orange ist ein Standardgetränk auf Steh-Empfängen – und meistens wird einfach O-Saft aus der Tüte oder Flasche mit Campari gemischt. Was ebenso phantasielos ist, wie es langweilig schmeckt. Versuchen Sie es beim nächsten Mal so:

März

Unsere Großeltern kannten Fenchel nur als Gewürz, das man für gewisse Desserts verwendete, mehr noch für Bäckereien. Und natürlich als Tee – Fencheltee hat man Kindern eingeflößt, damit sie besser einschlafen. Denn er wirkt beruhigend. Möglicherweise hat das dazu geführt, dass vielen Menschen der typische Fenchelgeschmack nicht angenehm ist. Das ist schade, denn der dicke, strotzende, saftige Gemüsefenchel mit seinem knackigen, festen, weißen Fleisch kann so wunderbar schmecken! Um Sie auf den Geschmack zu bringen, haben wir ein paar umwerfende Rezepte dafür ausgetüftelt.

Fenchel – knackiges Gemüse vom Mittelmeer

Fenchel: Gewürz oder Gemüse

Zunächst muss man unterscheiden zwischen Würz- und Gemüsefenchel. Das Gewürz kennen alle Mittelmeerfans, weil es dort wild am Straßenrand wächst, oft sogar mannshoch: sieht aus wie eine Dillpflanze, bildet ebenfalls die typischen Dolden (deshalb auch Doldengewächs) und die duftenden Samen; allerdings ist der Duft völlig anders, erinnert eher an Anis als an Dill. Dieses herrliche grüne Kraut – das es leider bei uns nicht gibt, weil es Sonne und Hitze braucht, um den typischen Geschmack auszubilden – zeigt in Italien den beginnenden Sommer an. Dann erntet man das dichte Grün, blanchiert es und genießt es mit Olivenöl und Zitronensaft als Gemüse. Oder man nimmt es fein geschnitten zum Würzen von Fischgerichten; sehr gut schmeckt es im Hackfleischteig, die verschiedensten Nudelsaucen brauchen dieses aromatische Kraut. Und am Ende des Sommers verwendet man die ausgewachsenen holzigen Zweige als Grillholz, es gibt auf der Glut seinen Duft ab und würzt das auf dem Grillrost liegende Fleisch oder den röstenden Fisch ...

Der Gemüsefenchel jedoch, der hat jetzt im März Hochsaison: Die unten verdickten Stiele bilden im milden Winterklima Italiens oberhalb der Erde eine dicke, weiße Knolle mit fleischigen, sich fast zwiebelartig eng umklammernden Schichten. Der Anisduft ist hier wesentlich milder, jetzt kommt eher der typische süße und aromatische Fenchelgeschmack zum Tragen. Man kann Fenchel roh als Salat essen, gekocht, gebacken, gebraten oder gedünstet. Immer wieder haben wir versucht, bei uns Fenchel anzubauen. Weil er im Winter erfrieren würde (Frost verträgt er kaum und

wenn, dann nur ganz kurz), sät man ihn im Frühjahr. Wenn Mai und Frühsommer feucht und kühl sind, wie ein italienischer Winter, gerät er gut. Gibt es aber nach kalten Frühjahrsnächten einen schönen, sonnenreichen und warmen Sommer, nützt auch alles Gießen nichts: Die Knollen bleiben klein, werden hart und schießen. Dann sollte man aber nicht die Flinte ins Korn werfen, sondern sich die Blüten entwickeln lassen und kann dann Grün und Dolden wie Würzfenchel verwenden!

Einkauf

Die Knollen sollten fest sein, weiß und möglichst unbeschädigt. Welke Schichten, gar verfärbte, also bräunlich gewordene Stängel mit dunklen Stellen zeigen an, dass die Knollen bereits ein beträchtliches Alter haben müssen. Sie bleiben nämlich normalerweise, also richtig bei kühlen Temperaturen, dunkel und nicht

zu trocken gelagert, geradezu wochenlang appetitlich, knackig und schön. Was nicht mehr gut aussieht, kann nicht mehr gut schmecken.
Frische Knollen können Sie zu Hause immer noch ein paar Tage gut im Gemüsefach aufbewahren. Ein feuchtes Tuch schützt sie vor dem Austrocknen – ab und zu von neuem anfeuchten, aber bitte nicht nass machen!

Wie man mit Fenchel umgeht

Die äußere Schicht wird, wenn sie nicht mehr taufrisch ist oder gar beschädigt, komplett entfernt. Sieht sie noch schön aus, weil die Knolle wirklich frisch ist, muss man prüfen, ob sie faserig ist: Das Wurzelende so kappen, dass nur eine hauchdünne Scheibe davon abgeschnitten wird, das Messer jedoch eventuell von dort aus über das Blatt verlaufende Fäden erfassen kann. Vorsichtig ziehen – sie lösen sich so ganz einfach aus dem Fruchtfleisch. Immer sollte man darauf achten, dass das Wurzelende unversehrt bleibt, damit die Schichten zusammenbleiben und nicht auseinander fallen. Die Stielenden werden gekappt, knapp über der Knolle – die Stiele sind meist faserig und werden nicht mitgegessen. Allerdings bewahrt man das zarte Grün auf – es wird später als Garnitur auf die Platte drapiert und für den Geschmack fein geschnitten in das Essen gestreut!

Was sonst noch drin steckt

Gemüse tut dem Speisezettel immer gut, von wegen der Ballaststoffe und Vitamine. Der Fenchel ist jedoch ein richtiger Mineralienlieferant. Soviel Calcium bringen sonst höchstens noch bestimmte Kräuter, die man allerdings nie in so großen Mengen essen würde: 109 Milligramm stecken allein in 100 Gramm. Auch Vitamin A ist in größerer Menge vorhanden. Deshalb ist es so wichtig, dass man Fenchel (wie Möhren) stets in Verbindung mit Fett zu sich nimmt. Also als Salat mit etwas Öl, im Gemüse mit Öl, Schmalz oder Butter, denn nur dann wird das kostbare A-Vitamin überhaupt gelöst und kann vom Körper aufgenommen werden.

Fenchelsalat mit Sardinen

Zutaten für vier Personen:

2 Fenchelknollen
1 rote Zwiebel
2 Frühlingszwiebeln
1 Radicchiostaude
(am besten Trevisano)
1 Dose erstklassiger Sardinen
(siehe Tipp)

Senfvinaigrette:
1 EL scharfer Senf
3 EL Essig
Salz, Pfeffer
2 Knoblauchzehen
4 EL Olivenöl

1 Den Fenchel putzen, das zarte Grün aufbewahren, die Knolle waschen und, wenn nötig, von Fäden befreien. Dann auf der Aufschnittmaschine in dünne Scheiben beziehungsweise Ringe hobeln. Die Maschine sorgt dafür, dass die Scheiben absolut gleichmäßig werden, außerdem dünn genug, dass der Salat ein Genuss ist!

2 Ebenso die rote Zwiebel in feine Ringe schneiden, die Frühlingszwiebeln putzen und ebenfalls fein schneiden.

3 Die Radicchioblätter gründlich waschen. Die äußeren Blätter unzerteilt lassen, sie werden zum Auslegen der Platte gebraucht. Die inneren schneidet man ebenfalls in feine Streifen.

4 Für die Vinaigrette die angegebenen Zutaten vermischen und mit einer Gabel oder einem Schneebesen aufschlagen – den Knoblauch entweder durch die Presse zufügen oder mit etwas Salz auf einem Porzellan-

Eine hübsche Vorspeise, ein appetitlicher Beitrag zum großen Sonntagsfrühstück, aber auch ein ganzer kleiner Imbiss. Dafür brauchen wir Fenchel, rote Zwiebel, Radicchio – angemacht wird der Salat mit einer scharfen Senfvinaigrette:

brettchen cremig zerdrücken; das Porzellanbrettchen ist wichtig, denn ein Holzbrett würde einen guten Teil der ätherischen Öle des Knoblauchs schlucken.

5 Salatzutaten mit der Vinaigrette vermischen. Den Salat auf der mit Blättern ausgelegten Platte anrichten. Die Sardinen dekorativ darauf verteilen.

TIPP

Achten Sie bitte darauf, dass Sie eine Qualitätssardinen kaufen: Sie sollten mit Haut und Gräten (!) in Olivenöl eingelegt sein – ob sie das sind, steht auf der Packung. Die Gräten geben dem Fischfleisch Saft und Kraft und das teure Olivenöl garantiert, dass man sich mit dem Produkt Mühe gegeben hat. Wir haben hier eine phantastische Qualität aus Spanien gefunden (Bezugsquelle auf Seite 202). Es sind winzig kleine Fischchen, in bestem Olivenöl eingelegt. Eine wahre Delikatesse! Schauen Sie sich ansonsten um – es gibt auch vorzügliche Qualitäten aus Italien und Frankreich! Man erkennt übrigens gute Qualität stets auch am Preis, leider...

Als Getränk passt dazu ein leichter Weißwein oder Rosé aus der Provence.

Fenchelgemüse– Vorspeise oder Beilage

Für zwei Personen:

4 schöne Fenchelknollen
Salz
Olivenöl (extra vergine!)
Pfeffer aus der Mühle
4 EL frisch geriebener Parmesan
Zitronensaft
rote Chilischoten nach Geschmack

1 Die Fenchelknollen vierteln oder sogar achteln. In Salzwasser etwa zehn Minuten kochen, bis die Blätter weich sind. Mit einer Schaumkelle herausheben, gut abtropfen und in einer Schüssel anrichten.

2 Mit Zitronensaft und Olivenöl beträufeln, gehacktes Fenchelgrün darüber streuen, nach Geschmack salzen, pfeffern oder mit Chili würzen. Gut schmeckt es auch, wenn man Parmesan frisch darüber reibt.

Einen ganz eigenen Schmelz bekommt Fenchel, wenn man ihn kocht und – dann hat man schnell eine herrliche Vorspeise oder Beilage! – mit Olivenöl mariniert; nach Belieben auch mit geriebenem Käse bestreut. Dafür schneidet man den Fenchel am besten in zwei Hälften, große Exemplare werden geviertelt – in diesem Fall ist besonders wichtig, darauf zu achten, dass das Wurzelende die Schichten zusammenhält!

TIPP

Falls etwas übrig bleibt, kann man dieses marinierte Fenchelgemüse noch ein weiteres Mal abwandeln und servieren: Dick mit geriebenem Käse bestreuen und in der Mikrowelle oder im Backofen erwärmen, bis er schmilzt.

Getränk: Kräftiger, trockener Weißwein aus Italien.

Fenchelgemüse – Variante »Fenchel anonym«

Für vier Personen:

4–6 Fenchelknollen, je nach Größe
Salz
12 Scheiben gekochter Schinken

Käsesauce:
2 Schalotten
2 EL Butter
200 g Robbiola (milder Weißschimmelkäse)
1/8 l Fenchelsud
1/8 l Sahne
Salz, Pfeffer
abgeriebene Zitronenschale
Muskat
Cayennepfeffer

1 Den Fenchel putzen, das zarte Grün beiseite legen. Die Knollen halbieren oder vierteln – je nach Größe und in Salzwasser knapp zehn Minuten bissfest kochen. Jedes Knollenstück in eine Scheibe gekochten Schinken wickeln und in eine feuerfeste Form betten.

2 Für die Sauce die fein gehackten Schalotten in der Butter andünsten, den Käse zufügen, mit Fenchelsud und Sahne auffüllen. Köcheln, bis sich alles gut verbunden hat. Eventuell mit dem Mixstab cremig aufschlagen.

3 Die Sauce mit Salz, Pfeffer und Zitronenschale sowie mit Muskat und Cayennepfeffer sehr kräftig würzen. Das Fenchelgrün fein gehackt einrühren. Über die eingewickelten Fenchelknollen gießen.

Martinas Lieblingsessen, in Anlehnung an den wunderbaren Klassiker unseres Vorgängers Clemens Wilmenrod – der hat nach demselben Prinzip Chicorée zubereitet. Es werden hierfür die blanchierten Fenchelstücke in Scheiben von gekochtem Schinken eingewickelt, in eine feuerfeste Form gebettet und schließlich mit einer Käsesauce überbacken. Deshalb ist dieses Gericht auch besonders praktisch für Gäste: Man kann alles fix und fertig vorbereiten, und wenn die Gäste da sind, muss man die Form nur noch kurz in den Ofen schieben.

4 Im Backofen eine Viertelstunde backen, bis die Sauce brodelt.

5 Dazu passt einfach Weißbrot – zum Aufwischen der Sauce eignen sich auch kleine Pellkartöffelchen.

TIPP

Ein fabelhaftes Grundrezept, das sich im Übrigen je nach Gemüseangebot abwandeln lässt: Statt des Chicoree von Herrn Wilmenrod oder unserem Fenchel kann man Lauchstangen in den Schinken wickeln, junge Möhren oder Herzen vom Chinakohl. Die Gemüse werden zuvor jeweils gekocht, bis sie angenehm bissfest sind. Und den Sud, in dem sie gegart wurden, nimmt man natürlich als Basis für die Sauce.

Getränk: Ein fruchtiger Weißburgunder, zum Beispiel vom Kaiserstuhl. Martina liebt besonders die gradlinigen Weine vom Weingut Schneider in Endigen.

Frittierter Fenchel mit Tomataise

Für vier Personen:

4 Fenchelknollen
2 Eier
Salz, Pfeffer
Kurkuma
Kreuzkümmel
Semmelbrösel zum Panieren
Öl zum Frittieren

Tomataise:
4 EL frisches Tomatenpüree (fertig gekauft oder selbst gemacht – siehe Tipp)
5–6 EL Olivenöl
Balsamicoessig

1 Die Fenchelknollen putzen und längs, also zum Wurzelansatz hin, in halbfingerdicke, keilförmige (damit die Schichten zusammenhalten) Scheiben schneiden. Jede Scheibe einzeln durch die mit Salz, Pfeffer und nach Belieben mit Kurkuma und gemahlenem Kreuzkümmel verquirlten Eier ziehen. Schließlich in den Semmelbröseln wenden, bis sie rundum davon überzogen sind wie ein Wiener Schnitzel.

2 Die Scheiben in heißem Öl schwimmend nur sanft brutzelnd golden ausbacken. Achtung: Das Fett ist ausreichend heiß, wenn an einem Brotwürfel, den man hineinwirft, leise Bläschen emporsteigen. Sind sie zu heftig, ist das Fett zu heiß – der Fenchel würde innen roh bleiben, obwohl die Panierung bereits braun geworden ist. Und: nicht zu viele Scheiben auf einmal ins Fett geben, damit die Temperatur nicht zu stark abkühlt.

Ebenfalls eine hübsche Vorspeise und ebenfalls im Handumdrehen gemacht: Dafür werden fingerdicke Scheiben Fenchel durch verquirltes Ei gezogen und in Semmelbröseln gewendet und schwimmend in heißem Öl ausgebacken (Tipp: Zum Frittieren den Wok verwenden, der kommt dank seiner Form mit wenig Fett aus!). Die goldbraunen Scheiben werden mit einer Tomataise serviert: Das ist unsere Erfindung einer cremigen, fruchtigen, kalten Tomatensauce. Mit Zwiebeln und Knoblauch gedünstete Tomaten oder auch einfach frisches Tomatenpüree werden im Mixer mit etwas Olivenöl wie eine Mayonnaise aufgeschlagen. Das geht blitzschnell und schmeckt köstlich – zum Beispiel zum Aperitif.

3 Für die Tomataise das Tomatenpüree im Mixer glatt pürieren, das Olivenöl tropfenweise in die laufende Maschine fließen lassen, bis die Sauce hellrot und cremig wird. Mit Balsamico abschmecken.

4 Die gebackenen Fenchelscheiben auf Küchenpapier gut abtropfen und auf Vorspeisentellern oder einer Platte anrichten – nicht übereinander legen, damit sie knusprig bleiben. Wenn vorhanden mit Fenchelgrün bestreuen. Die Tomataise getrennt dazu servieren.

TIPP

Das Tomatenpüree als Basis für die Tomataise ist ganz einfach selbst gemacht: fein gehackte Zwiebel und etwas Knoblauch in heißem Olivenöl andünsten, Tomaten in Würfeln zufügen und einige Minuten köcheln. Salzen, pfeffern, nach Belieben auch etwas Oregano und/oder Basilikum mitköcheln. Im Mixer vollkommen glatt pürieren.

Getränk: Ein leichter, trockener Sherry (Fino oder Manzanilla), der eiskalt serviert wird; oder ein trockener weißer Vermouth – Martini, Cinzano oder Noilly-Prat; oder ein würziger Weißwein, etwa aus Sizilien.

Fenchelrisotto mit Chorizo

Für vier Personen:

1 Zwiebel
3 Knoblauchzehen
2–3 EL Olivenöl
2 Tassen Risottoreis (Carnaroli aus Italien oder Bomba aus Spanien – siehe Tipp)
2 Fenchelknollen
ca. 1/8 l trockener Weißwein
knapp 1 l Fenchelkochsud (wenn vorhanden, sonst Gemüse- oder Hühnerbrühe)
2 Chorizo (Knoblauchwürste – siehe Tipp)
50 g frisch geriebener Parmesan
25 g Butter

1 Zwiebel und Knoblauch fein würfeln und im heißen Öl andünsten. Den Reis hinzuschütten und mitschmurgeln lassen. Schließlich auch den Fenchel in feine Würfel schneiden und zufügen. Mit Wein ablöschen und

köcheln, bis alle Flüssigkeit verkocht ist. Erst dann nach und nach, schöpfkellenweise den Kochsud angießen, dabei stets leise köcheln lassen, bis die Reiskörner weich sind, aber noch Biss aufweisen. Immer wieder rühren, damit nichts ansetzt.

2 Inzwischen die Chorizo mit einem großen, scharfen Messer längs vierteln und dann quer in dünne Scheibchen schneiden. Für die letzten fünf Minuten im Risotto mitköcheln. Der färbt sich jetzt herrlich rot, wenn man die richtigen, nämlich mit viel Paprika geschärften Würste verwendet hat.

3 Ganz zum Schluss den Käse und die Butter einarbeiten. Das fein gehackte Fenchelgrün darüber streuen und den Risotto unverzüglich zu Tisch bringen.

Dafür wird ein Sofrito von Zwiebel und Knoblauch angesetzt, Risottoreis zugefügt, gewürfelter Fenchel mitgedünstet, zuerst mit Weißwein, dann mit Gemüse- oder leichter Hühnerbrühe aufgefüllt. Gegen Ende der Kochzeit kommen Würfel von scharfer, paprikawürziger Knoblauchwurst dazu, geriebener Parmesan und etwas Butter. Der Fenchelrisotto ist ein ganzes, eigenständiges Essen – dazu passt ein frischer Tomaten- oder ein bunter Blattsalat.

TIPP

Unerlässlich für einen guten Risotto ist der richtige Reis: Ein Mittel- oder Rundkornreis sollte es sein, auf keinen Fall Langkornreis und schon gar nicht Parboiled Reis, in welcher Form auch immer. Auch nicht jener Reis, aus dem man bei uns Milchreis macht; denn man nimmt dafür leider nur selten wirklich gute Qualität. Die feinste Risottoreisqualität kommt aus Italien, dort ist die beste aller Sorten der Carnaroli, oder aus Spanien, zum Beispiel der besonders delikate, kleinkörnige Bomba. Beide bringen ein wunderbar festes Korn und ausgeprägten Geschmack; vor allem aber geben sie dem Risotto die richtige, nämlich cremige Konsistenz. Man findet diese Spezialitäten leider nicht in jedem Supermarkt. Aber man kann sie bestellen (Bezugsquellen Seite 202f.).
Chrorizo kommt ursprünglich aus Spanien, wird auch im französischen Baskenland in Mengen hergestellt und exportiert. Leider findet man sie bei uns immer noch nur dort, wo Spanier oder Araber die Nachfrage fördern. Man kann sich jedoch auch mit einer ungarischen Paprikawurst behelfen.

Getränk: Dazu einen kräftigen, säurearmen Weißwein servieren, wir haben einen Etna Bianco aus Sizilien dazu probiert und sehr gut gefunden. Es könnte aber auch ein Albariño oder weißer Rioja aus Spanien oder ein Weißwein aus der Provence (Cassis, Bandol, Châteauneuf-du-Pape) sein.

Der Restetipp – Fenchelfrittata

Für vier Personen:

1 Zwiebel
2 Knoblauchzehen
2 EL Olivenöl
ca. 500 g Fenchel
(roh oder gekocht)
5 Eier
Salz, Pfeffer
nach Belieben 1 Chilischote
Muskat

1 Eine beschichtete Pfanne nehmen, mit einem Durchmesser von 22 cm, dann kann die Frittata nicht anbacken und bekommt auch die richtige Form.

2 Zwiebel und Knoblauch fein würfeln und im heißen Öl in der beschriebenen Pfanne andünsten.

3 Rohen Fenchel ebenfalls fein würfeln und mitdünsten. Gekochten Fenchel würfeln und gleich unter die verquirlten Eier rühren, zusammen mit dem gesamten Pfanneninhalt. Diese Masse mit Salz, Pfeffer, gewürfelter oder zerkrümelter Chilischote und Muskat würzen.

4 Alles zurück in die heiße Pfanne gießen und zugedeckt langsam stocken lassen. Erst wenden, wenn die Eiermasse an der Oberfläche nicht mehr flüssig ist, und auch auf der anderen Seite bräunen. Zum Wenden ist ein flacher Deckel, eine Tortenplatte oder ein so genannter

Wenn was übrig bleibt, gleich, ob roher oder gekochter Fenchel, lässt sich daraus immer noch eine fabelhafte Frittata zubereiten. Ein prima Imbiss – eventuell mit einem grünen Salat dazu – oder, in mundgerechte Würfel geschnitten, ein pfiffiger Happen zum Glas Wein:

Kuchenheber praktisch: Einfach die Pfanne damit abdecken, sie stürzen und dann die Frittata von der Tortenplatte zurück in die Pfanne schubsen.

5 Die Frittata schmeckt frisch aus der Pfanne, also warm. Aber auch kalt, in Würfel oder Rauten geschnitten, ist sie ein köstlicher Happen zum Aperitif. Wir servieren gerne prickelnden Apfelwein dazu.

TIPP

Damit die Frittata tatsächlich ein dickes Omelett wird, das die Zutaten rundum umschließt, ist es unbedingt nötig, sie außerhalb der Pfanne, also in einer Schüssel mit den Eiern zu vermischen! Gießt man die Eier einfach in die Pfanne zu den anderen Zutaten, wird die Unterseite immer unschöne Lücken zeigen.

Als Getränk zum Hauptgericht: Ein einfacher Weißwein (Gutedel, Silvaner oder Müller-Thurgau) oder auch ein fruchtiger, kellerkühler Rotwein, zum Beispiel einen deutschen Spätburgunder.

April

Erstaunlich, wie beliebt Oliven geworden sind! Es ist noch gar nicht allzu lange her, da sah man die Menschen mit spitzen Fingern die grünen oder schwarzen, eher unbekannten Kugeln aus dem Essen fischen und verstohlen neben dem Teller verstecken. Heute fehlt auf keinem Markt der große Stand mit den unzählig vielen Varianten von eingelegten Oliven. Schön appetitlich in großen Holzbottichen präsentiert, zusammen mit Olivenöl, oft sogar auch noch Olivenseife – und was man sonst noch alles aus Oliven machen kann. Und dann lässt sich ja sehr einfach eine solche üppige Vorspeisenplatte anrichten: Mit Oliven und allem, was dazu gut passt – Salami, Schinken, eingelegten Chilis, Fetakäse. Knuspriges Baguette oder türkisches Fladenbrot dazu – und fertig ist ein Imbiss zu einem Glas Wein, der einen den ganzen Nachmittag oder Abend lang bei Laune halten kann! Es empfehlen sich dazu die kräftigen Weine aus den mediterranen Zonen, zum Beispiel ein Rosé aus der Provence, ein Vermentino aus Ligurien oder einer der modernen, frisch-aromatischen Weißweine aus Sizilien (Muga, Corvo, Regaleali, Sta. Anastasia, Rapitalá, Donnafugata, Settesoli oder Planeta).

Oliven – der Geschmack von Ferien

Oliven– was sagt die Farbe aus

Es gibt bräunlich grüne, lehmfarbene und leuchtend grüne Oliven. Die braune Farbe kann vom Grünlichen bis ins Bläuliche spielen. Es gibt fahle, violette und sogar tiefschwarze Früchte. Olivgrün, so wie wir das als Farbangabe verstehen, sind ja erst einmal die Blätter des Olivenbaums – mattgrün, ins Silbrige spielend, schimmern sie in den verschiedensten Abstufungen, je nachdem, welches Licht auf sie fällt. Die Früchte selbst, die aus den winzigen, gelb-weißen Blüten entstehen, sind dann zuerst grün, werden mit zunehmender Reife blau, zeigen je nach Sorte und Reifegrad die unterschiedlichsten Farbvarianten bis ins tiefe Schwarz.

Speiseoliven & Olivenöl

Oliven, wie sie vom Baum kommen, sind nicht zum Essen gedacht. Man kann sie nur zum Ölpressen verwenden, allerdings müssen sie dafür erst einmal zu feinem Brei zermahlen werden. Das geschieht in den traditionellen Ölmühlen in den Ländern rund ums Mittelmeer meist heute noch in den uralten Steinmühlen, wo sich auf einem Granittisch zwei gewaltige Steinwalzen so lange über den lediglich gewaschenen Früchten drehen, bis diese zu einem duftenden Mus geworden sind. Je nach Region verwendet man einen großen Anteil von grünen, also noch unreifen Oliven, um ein besonders fruchtiges, intensives Öl zu erzielen, wie beispielsweise in der Toskana, oder mehr reife, also

dunkel gefärbte Früchte, die ein milderes, zartes Öl ergeben, wie in Ligurien.

Oliven zum Pur-essen: die wichtigsten Sorten

Oliven, die man essen möchte, müssen zunächst einmal bearbeitet werden: Sie sind zum Essen viel zu bitter! Die Früchte werden gepflückt, dann in Salzwasser, dem man auch etwas Natron beifügen kann, eingelegt. Vor allem grüne und große Früchte werden dafür eingestochen oder mit einem Stein angeschlagen, damit sie aufbrechen und die Bitterstoffe leichter herausgelöst werden können. Nach etwa einer Woche, in der ab und zu das Wasser gewechselt wird, sind die Oliven bereit zur weiteren Verarbeitung. Jetzt kann man sie mit den verschiedensten Kräutern würzen, in Olivenöl oder einfach in Salzwas-

ser einlegen. So findet man sie im Allgemeinen auf unseren Märkten. Wir haben eine Auswahl davon ausgesucht:

- Die Sevilla-Olive stammt aus der Region um die gleichnamige Stadt in Andalusien. Es ist eine große, knackige, festfleischige Olive mit mildem Geschmack.
- Die Manzanilla-Olive heißt so, weil sie wie ein Äpfelchen aussieht (manzana = span. Apfel). Sie ist also rundlich, kleiner als die Schwester aus Sevilla, stammt aber (ursprünglich) auch aus Andalusien. Ihr Fleisch ist weicher und von herrlich mild-nussigem Aroma, das an den gleichnamigen, besonders leichten Sherry aus der Hafenstadt Sanlúcar de Barrameda im westlichen Jerez-Gebiet erinnert.
- Cassées (zerquetscht!) nennt man die mit einem festen Schlag aufgeschlagenen Oliven, wie man das in der Provence traditionellerweise macht. Sie sind groß, fest im Fleisch und würzig im Geschmack. Solange sie noch frisch sind, also höchstens zwei Tage gewässert, kann man sie in etwas Olivenöl erhitzen, dabei verlieren sie ebenfalls einen gewissen Anteil ihrer Bitterstoffe und schmecken sehr köstlich als Happen zu einem Glas Wein!
- Picholine, eine besonders würzige, kleine Olive aus Südfrankreich, die nach einem Verfahren der Gebrüder Picholine hergestellt, nämlich mit Holzasche entbittert wird und die sich durch eine auffallend leuchtende grüne Farbe auszeichnet, solange sie frisch ist.
- Die Niçoises, die klassischen Oliven für den berühmten Salat niçoise aus Nizza. Eine besonders kleinfrüchtige Sorte, die vollreif und daher sehr spät, meist erst im Dezember oder Januar, geerntet wird. Es ist dieselbe Sorte wie die Taggiasca, die berühmteste italienische Speiseolive, aus der man das feine ligurische Öl presst.

Zum Pur-essen werden sie immer mit Stein verkauft, es bliebe ja auch sonst kaum noch Fruchtfleisch übrig. Sie schmecken wunderbar intensiv und gehören auf eine mediterrane Vorspeisenplatte.

- Kalamata-Oliven kommen aus Griechenland, sind sehr beliebt, weil sie fleischig sind, aber nicht zu fest. Sie sind vielmehr angenehm im Biss und schön mild, also ganz und gar nicht aufdringlich im Geschmack. Es gibt sie in heller, bräunlicher Farbe (also noch jung und nicht ganz ausgereift) und ganz dunkel, fast schwarz (völlig ausgereift). Dann sind sie weicher und auch ein wenig würziger.
- Gefüllte Oliven: Dafür nimmt man am liebsten die großen, knackigen, spanischen Oliven. Sie werden mit Stückchen von eingelegtem rotem Paprika gefüllt, mit ganzen Mandeln und, besonders köstlich, mit Sardellen.

Aber Achtung: Billige Ware wird maschinell hergestellt, ist mit Paprika- oder Sardellenpaste vollgespritzt und taugt nur wenig!

Einkauf & Aufbewahren

Im Glas halten sich die Oliven natürlich nahezu unbegrenzt. Sind sie in Salzlake eingelegt, muss man beim angebrochenen Glas darauf achten, dass man stets mit einem absolut sauberen Löffel hineinlangt. Es bildet sich sonst hässlicher Rahm und die Haltbarkeit ist rasch beeinträchtigt. Sollte das übrigens mal passiert sein, dann die ganze Lake wegschütten und neue ansetzen: auf 1 Liter Wasser 35 Gramm Salz geben, aufkochen lassen und abgekühlt über die Oliven gießen. In Olivenöl eingelegte Oliven müssen natürlich stets von Öl bedeckt sein, dann halten sie sich praktisch unbegrenzt.

Die gewürzten und eingelegten Oliven vom Wochenmarkt, die der Händler aus seinem großen Vorratsbottich in Plastikbeutel abgefüllt hat, sind entweder in

den nächsten Tagen zu verbrauchen oder müssen unter einem Ölfilm vor Luft und so vor Verderb geschützt werden. Das bietet sich ohnehin an, wenn man die Würze durch Chili, Knoblauch oder getrocknete Kräuter verstärken oder individuelle gestalten will. Auch hat man nun Einfluss auf die Qualität, kann gutes Olivenöl verwenden. So kann man auch in Salzlake eingelegte Oliven wesentlich verbessern.
Man kann Oliven auch vakuumverpackt kaufen oder selbst in Folienbeutel einschweißen, nachdem alle Luft abgesaugt wurde – sie halten sich dann monatelang.

Vorspeisenplatte mit Oliven

- Roher Schinken – in feinen Scheiben oder auch eine dickere Scheibe längs in sehr schmalen Streifen geschnitten.

- Salami – je fester sie ist, desto dünner sollten die Scheiben sein.

- Käse: Gut passt der weiße, würzige Fetakäse – nach Belieben pur oder auch mit Kräutern der Provence bestreut und mit Olivenöl beträufelt. Aber auch Ziegenkäse oder ein Schnittkäse, zum Beispiel Emmentaler oder Greyerzer.

- Kleine Mozzarellakugeln: pur, mit Kräutern, in Olivenöl – ganz nach Geschmack.

- Eingelegte Chilis, Sardellen, geröstete Mandeln, Makadamianüsse oder Pinienkerne.

- Türkisches Fladenbrot oder Baguette.

Welche Sorten auch immer man beim Händler findet, man sollte sie jeweils getrennt voneinander in kleinen Schälchen anrichten. Dazu noch andere Happen vorsehen. Zum Beispiel:

TIPP

Wer seine Oliven selbst anmacht, kann ihnen besonderen Pep verleihen (siehe Bild links): Zitronen, Orangen und Schalotten oder rote Zwiebeln, Chilis, Knoblauch, Kräuter – alles in hauchfeine Scheibchen schneiden, würfeln oder hacken und unter die Oliven mischen. Einen Schuss Olivenöl zufügen, um alles damit zu überziehen und vor Lufteinwirkung zu schützen.

Tapenade – was man alles damit machen kann

Für sechs Personen:

250 g schwarze Oliven
50 g Kapern
50 g Sardellen
4 Knoblauchzehen
3–4 EL Olivenöl
Salz, Pfeffer

1. Die Oliven entsteinen, zusammen mit den übrigen Zutaten im Mixer zu einer glatten Paste pürieren. Die Sardellen zuvor entgräten. Falls man eingesalzene Sardellen verwendet, müssen sie zuvor gewässert werden.

2. Die Paste in ein Schraubglas abfüllen und dieses mehrmals kräftig aufstoßen (entweder auf dem Handballen oder der mit einem mehrfach gefalteten Tuch belegten Arbeitsfläche), damit alle Luft aus der Creme entweichen kann und die Oberfläche vollkommen eben wird. Vor dem Verschließen etwas Öl daraufgießen und darauf achten, dass ein paar Millimeter Öl über der glatten Oberfläche stehen. So ist die Paste vor Oxydation und Verderben geschützt und hält sich wochenlang.

Bei uns leider eher selten in guter Qualität zu bekommen ist eine schöne Olivenpaste – in Frankreich nennt man sie Tapenade, *in Italien* Crema di olive. *Wichtig ist für die französische Variante: Es gehören Sardellen und Kapern hinein. Und sie ist ganz einfach gemacht: schwarze Oliven entsteinen – dazu nimmt man den Kirschentsteiner oder den speziellen Olivenentsteiner; oft sitzt der an der Knoblauchpresse. Man kann die entsprechenden Gerätschaften im guten Haushaltsgeschäft finden oder sich am besten aus den Ferien mitbringen: In Italien und Frankreich wird man da gewiss auf einem der vielen Märkte fündig, über die zu bummeln so viel Spaß macht.*

TIPP

Natürlich lässt sich auch eine Tapenade variieren: Statt schwarzer Oliven einfach grüne verwenden! Und die grüne Farbe verstärken, indem man grüne Chilis und eine Hand voll Petersilien- oder Basilikumblätter mitmixt. Ergibt eine wundervoll würzige Paste, die man auf Crostini streichen, mit heißen Spaghetti mischen oder als Würze aufs Grillfleisch streichen kann.

- *Was man alles mit Tapenade machen kann:*

Ein paar Gläser mit der würzigen, duftigen Paste im Vorrat, und man ist nie verlegen, wenn man schnell ein kleine – auf den Tisch zaubern muss. Übrigens: Die Tapenade braucht nicht im Kühlschrank zu stehen, Olivenöl wird ja in der Kälte fest und sieht dann nicht mehr schön aus – schaden tut die Kälte natürlich nicht! Hat man dem Glas etwas entnommen, darauf achten, dass die Oberfläche wieder eben ist und ein Ölfilm wieder alles schützend bedeckt!

- *Crostini mit Olivenpaste:*

Geröstete Weißbrotscheiben mit dieser Paste bestreichen und zu einem Glas Wein servieren. Die Brotscheiben kann man im Toaster rösten, wenn es nur wenige Basilikum (oder andere Kräuter) locker darüber streuen – für den Geschmack und fürs Auge! Man kann auch rohe Steinpilze oder Champignons darüber hobeln!

Kartoffelsalat mit Olivenmarinade

Für vier Personen:

1 kg fest kochende Kartoffeln
2 Tomaten
3 EL Tapenade
2 EL Weinessig
Salz, Pfeffer
3 Frühlingszwiebeln

1 Die Kartoffeln kochen, etwa 2 Stunden lang auskühlen und ein wenig abbinden lassen, erst dann pellen und in dünne Scheiben schneiden.

2 Die Tomaten mit kochendem Wasser überbrühen, abschrecken, häuten und entkernen. Zentimeterklein würfeln. Wenn es kleine Cocktailtomaten sind, kann man sie auch mit Haut, einfach halbiert verwenden.

3 Aus Olivenpaste, Weinessig, Salz und Pfeffer eine Marinade rühren, die Tomaten und reichlich fein geschnittene Frühlingszwiebeln untermischen, schließlich auch die Kartoffeln zufügen.

4 Den Salat pur als kleinen Imbiss servieren, gut passen dazu gebratene oder gegrillte Lammkoteletts.

Eine unwiderstehliche Sache, eine Spezialität aus der norditalienischen Region Emilia-Romagna. Man sollte den Nudelteig unbedingt selber machen, denn nur dann hat man es in Hand, die Teighülle so durchscheinend dünn auszuwalzen, wie sie sein soll…

Spaghetti mit Olivenpaste, Kapern und Zitrone

Für zwei Personen:

250 g Spaghetti
Salz
3 EL Olivenöl
1 Zwiebel
3 Knoblauchzehen
2 Petersilienstängel
100 g Oliven (schwarz oder grün – nach Belieben, auch eine Mischung)
1 Zitrone
4 Sardellen
2 gehäufte EL Kapern

1. Die Spaghetti in reichlich Salzwasser bissfest kochen.

2. In einer Pfanne Olivenöl erhitzen, gehackte Zwiebeln und Knoblauch, falls vorhanden auch Petersilie andünsten.

3. Die Oliven entsteinen und zufügen.

4. Die Zitrone filieren, Sardellen zerpflücken. Alles zusammen in die Pfanne geben, auch die Kapern zufügen. Unter Rühren miteinander verschmelzen, schließlich die tropfnassen Spaghetti in dieser Sauce mischen – fertig!

Ein wunderbares Blitzrezept, für das Sie die Zutaten immer im Haus haben können. Bis die Spaghetti gar sind, ist auch die Sauce fertig - ideal also, wenn man müde nach Hause kommt und trotzdem schnell was Gutes auf dem Tisch stehen soll. Und wenn alle Stricke reißen und doch mal eine Zutat fehlt: Einen großen Esslöffel voll Tapenade unter die tropfnassen Spaghetti rühren und gut mischen!

TIPP

Auch einem Risotto kann ein Löffel Tapenade zu neuer Farbe und pfiffigem Geschmack verhelfen – viel Zwiebel dafür andünsten, den Risotto wie gewohnt mit einem Schuss Weißwein und viel Brühe kochen. Und zum Schluss, wenn man den geriebenen Käse unterrührt, statt Butter einen guten Löffel Tapenade zufügen. Sieht super aus und schmeckt auch so!

Getränk: Ein fruchtiger Weißwein, mit nicht allzu ausgeprägter Säure. Zum Beispiel aus Sizilien.

Provençalisches Hähnchen

Für sechs Personen:

1 schöne Poularde (ca. 1,5 kg)
2 Zitronen
150 g Oliven
2–3 Zwiebeln
5 Knoblauchzehen
500 g kleine Tomaten
(Strauch- oder Cocktailtomaten)
3 Thymian- und
3 Rosmarinzweige
Salz, Pfeffer
4 EL Olivenöl

1 Die Poularde in Portionsstücke teilen: Zunächst längs des Brustbeins und Rückgrats halbieren, dann die Keulen abtrennen, in Ober- und Unterschenkel teilen, den Flügel mit einem kleinen Stück Brust abschneiden. 8 Stücke insgesamt, die zuerst in Zitronensaft mariniert werden.

2 Die Stücke in eine feuerfeste Form betten, Oliven, gewürfelte Zwiebeln und kleine Tomaten darum herumstreuen, Thymian- und Rosmarinzweige daneben legen, alles salzen und pfeffern und mit Olivenöl beträufeln.

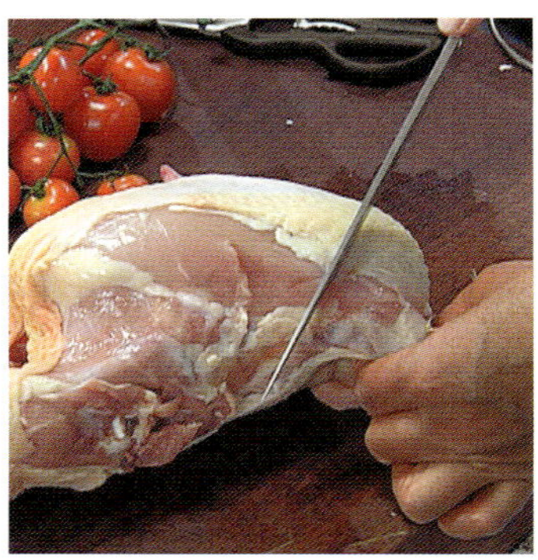

3 Die Form in den Ofen schieben, bei allergrößter Hitze anbraten, also bei 280 bis 300 Grad – was Ihr Backofen hergibt!

4 Nach etwa 20 Minuten auf 100 Grad herunterschalten. Das Huhn kann in der jetzt nachlassenden Hitze sanft etwa eine Stunde lang gar ziehen – die Haut wird dabei schön knusprig, und in der Form entsteht ein köstlicher Saft, den man nachher als Sauce mit Weißbrot aufwischen darf.

Das ideale Essen für viele Gäste - denn es macht kein bisschen mehr Mühe, ob man ein oder zwei Hühner auf das Backblech oder in die Form packt.

TIPP

Gut schmecken auch mitgeschmorte kleine Kartöffelchen. Sie sollten höchstens walnussgroß sein – größere halbieren oder vierteln –, damit sie auch tatsächlich gleichzeitig mit dem Fleisch gar werden. Und: Darauf achten, dass sie alle Kontakt mit dem Pfannenboden haben, damit sie richtig rösten.

Als Getränk passt dazu ein herzhafter Rotwein aus Südfrankreich, ein Châteauneuf-du-Pâpe, ein Côtes-du-Rhône oder ein Gigondas.

Mit Oliven gefüllte Schweineröllchen

Für vier bis sechs Personen:

3 große, dünne Schnitzel aus der Schweinekeule à 200 g (zugeschnitten wie oben beschrieben)
Salz, Pfeffer
100 g fetter oder durchwachsener Speck in hauchdünnen Scheiben
1 kleiner Mangold
1 Zwiebel
2 Knoblauchzehen
Cayennepfeffer
1 Msp. Muskatblüte
etwas abgeriebene Zitronenschale
200 g Oliven (schwarze, grüne, es können sogar gewürzte Oliven sein, ganz nach Gusto)
3–4 EL Olivenöl
1 Bund Suppengrün
1/4 l Brühe
1/4 l Weißwein
30 g Butter

1 Die Fleischscheiben sollten nicht dicker als höchstens 5 Millimeter sein, dafür möglichst groß! Am besten so auf der Arbeitsfläche ausbreiten, dass die Nahtstelle – sollte eine vorhanden sein – nach oben zeigt.

2 Das Fleisch mit Salz sparsam (wegen des Specks) und mit Pfeffer mutig würzen. Hauchdünne Scheiben von Speck auf der Fleischscheibe verteilen, darauf eine Lage Mangoldblätter, die in Salzwasser blanchiert wurden.

3 Den restlichen Mangold für eine Beilage in feine Streifen schneiden und ebenfalls blanchieren. Gut abtropfen lassen. Die fein gewürfelte Zwiebel in heißem Olivenöl andünsten, die zerdrückten Knoblauchzehen sowie den Mangold zufügen, mit Salz, Pfeffer, Cayennepfeffer und Muskatblüte kräftig würzen. 10 Minuten zugedeckt weich dünsten, dann mit abgeriebener Zitronenschale würzen.

4 Für die Füllung aromatische Oliven entsteinen, grob hacken und auf der Mangoldblätterschicht verteilen. Das Schnitzel aufrollen, so dass zuerst die Blätter die Oliven umhüllen, dann die Speckscheiben die Blätter umgeben. Schließlich das Schnit-

Dafür nehmen wir dünne, möglichst große Schweineschnitzel – ideal ist es, wenn der Metzger ein dickeres Schnitzel (gut zentimeterstark) aus der Oberschale in der Mitte so durchschneidet, dass es an seiner breiten Seite noch zusammenhängt. Dann kann man es auseinander klappen und zu einem großen Schnitzel flach klopfen.

zel so wickeln, dass die Oliven nirgends herausfallen können. Diese Päckchen mit Küchenzwirn sorgfältig umwickeln und gut verschnüren.

5 Die Schnitzelröllchen in heißem Olivenöl anbraten. Das Wurzelwerk winzigklein würfeln und mitrösten, bis es weich ist, dabei immer wieder mit einem Schuss Brühe ablöschen, damit nichts ansetzt oder zu sehr bräunt. Schließlich den Wein angießen und die gefüllten Röllchen etwa 20 Minuten zugedeckt auf kleinem Feuer ganz leise gar schmoren lassen.

6 Für die Sauce den Bratenjus eventuell etwas einkochen, mit dem Wurzelwerk pürieren, dabei ein Stück Butter mitmixen, das gibt der Sauce Glanz.

7 Die gefüllten Schweineröllchen schräg aufschneiden und auf einer Platte oder auf Tellern anrichten. Die Sauce darum gießen. Dazu schmeckt ein sahniges Kartoffelpüree.

Als Getränk gibt's dazu einen Rotwein aus der Toskana – schließlich haben wir das Rezept in der Toskana kennen gelernt. Zum Beispiel einen älteren, würzigen Chianti Classico Riserva von Monsanto, aus der Südwestecke des Chianti-Classico-Gebiets.

Martini dry

Die wohl berühmteste aller Oliven befindet sich in einem Cocktail. Man nimmt dafür natürlich absolut ungewürzte, lediglich in Lake eingelegte Naturoliven, zum Beispiel Manzanillas aus Spanien: Für den Drink verrührt man auf viel Eis 6 bis 7 Teile trockenen Gin mit einem Teil trockenem Vermouth (die berühmten Barmixer von heute nehmen vorzugsweise den südfranzösischen Noilly Prat, in Amerika nahm man früher Martini oder Cinzano aus Piemont, deren Name aber heute für uns mehr mit süßem Vermouth, rosso oder bianco, verbunden ist), gießt in ein kleines Sherry-Glas ab und serviert mit einer auf einen Zahnstocher aufgespießten grünen Olive: Cin Cin!

Mai

»Ein Tag ohne Kartoffelsalat ist kulinarisch gesehen ein verlorener Tag!« So pflegen wir zu sagen, denn nichts ist vielseitiger und interessanter abzuwandeln als eben Kartoffelsalat. Wobei schon die Basis, die Kartoffeln selbst, für Abwechslung sorgen können.
Man empfiehlt zwar im Allgemeinen für Kartoffelsalate stets eine festfleischige Sorte, Sieglinde zum Beispiel, auch Selma, Kipferl oder Hörndl... Wir aber finden, dass man auch ganz andere Sorten verwenden kann – und man wird damit den Charakter des Kartoffelsalats in kulinarisch höchst eindrucksvoller Weise beeinflussen. Wie und mit welchem Ergebnis, wollen wir Ihnen anhand von Kartoffeln mit verschiedenfarbigen Schalen und unterschiedlich gefärbtem Fruchtfleisch vorführen.

Kartoffelsalate – Thema mit Variationen

Wer kennt die Namen, zählt die Sorten

Matthias Claudius hat einst gedichtet: »Schön rötlich die Kartoffeln sind und weiß wie Alabaster…« und damit ein völlig anderes Ideal gepriesen, als wir heute lieben: Wir bevorzugen eher die gelblichen Sorten; weiße Kartoffeln sind ziemlich unbeliebt und daher auch selten geworden. Und neben den rosaschaligen Sorten, die meist nach dem Kochen mehlig sind, findet man heute Knollen mit unterschiedlichster, auch ganz ungewöhnlicher Färbung.

Es gibt sogar wieder richtiggehend blaue Knollen – das Fruchtfleisch der so genannten »Truffes de Chine« ist tatsächlich lila bis tiefblau. Sie sehen ungewöhnlich aus: Ihr Blau mag manchem sogar eher ungenießbar, gar gefährlich erscheinen. Trüffeln gleichen sie allenfalls äußerlich. Sie sind sehr kartoffelig, herrlich mehlig und wunderbar würzig im Geschmack.

Kartoffelsalat mit Mayonnaise

Zutaten für vier Personen (als Beilage):

750 g Salatkartoffeln
Salz, Pfeffer
1 große Zwiebel
2–3 EL Fleisch- oder Gemüsebrühe

Für die Mayonnaise:
1 Eigelb
2 TL Senf (Dijon-Senf)
Salz, weißer Pfeffer
Cayennepfeffer
Chilipulver oder Tabasco
6 EL Öl (vorzugsweise
3 EL geschmackneutrales und
3 EL Olivenöl)
1 EL Zitronensaft oder
heller Weinessig
Zucker
glatte Petersilie

1 Kartoffeln kochen, pellen und in Scheiben schneiden, wie im Tipp auf S. 94 angegeben. Wenig salzen und pfeffern, mit der gehackten Zwiebel umwenden und mit der Fleisch- oder Gemüsebrühe befeuchten.

2 Für die Mayonnaise Eigelb und Senf mit dem Schneebesen verquirlen oder besser im Mixer oder mit dem Pürierstab aufschlagen. Dabei salzen, aus der Mühle pfeffern und ganz nach persönlichem Geschmack mit Cayennepfeffer, Chili oder Tabasco schärfen.

3 Langsam das Öl einfließen lassen und einschlagen – arbeitet man mit Mixer oder Pürierstab, kann man alles gleichzeitig und die ganze Menge auf einmal in den Mixer füllen und aufschlagen. Die Mayonnaise mit Zitronensaft oder Essig, Salz, Pfeffer und etwas Zucker abschmecken.

4 Die Mayonnaise gelingt garantiert, wenn alle Zutaten gleiche, nämlich Zimmertemperatur haben. Droht die Mayonnaise beim Aufschlagen zu gerinnen, hilft ein Tropfen heißes Wasser oder ein kleiner Löffel Senf.

Auch hier sind Salatkartoffeln, also eine fest kochende Sorte angesagt. Und es versteht sich von selbst, dass wir die Mayonnaise selbst rühren – mit erstklassigem, kaltgepresstem Öl nach unserer Wahl!

5 Den Kartoffelsalat mit der Mayonnaise umwenden, dabei darauf achten, dass die Scheibchen möglichst intakt bleiben. Vor dem Essen ein wenig, aber nicht länger als eine Stunde durchziehen lassen.

6 Nach klassischer Art bleibt der Kartoffelsalat »weiß«, es kommen also keine Kräuter dazu. Aber wir kennen kein Kraut, das nicht eine interessante geschmackliche Variante einbringen würde!

TIPP

Wer die Mayonnaise kräftig liebt, nimmt nur Olivenöl (vorzugsweise eine mildere Sorte, etwa aus Ligurien), wer dessen fruchtig-würzigen Geschmack weniger mag, wählt ein weniger ausgeprägt schmeckendes oder ein neutrales Pflanzenöl (zum Beispiel kalt gepresstes Sonnenblumenöl). Und wer Kalorien sparen will, macht eine »schlanke« Mayonnaise, indem er das ganze Ei zum Aufschlagen nimmt und die Hälfte des Öls durch mageren Quark oder Joghurt ersetzt.

Kartoffelsalat mit Essig und Öl

Dazu nehmen wir nun unbedingt Salatkartoffeln, also fest kochende Kartoffeln – »la ratte«, wie man in Frankreich sagt, die in Bayern Hörndl oder in Franken Hörnla heißen, österreichische Kipferl oder Sieglinde.

Zutaten für vier Personen (als Beilage):

750 g Salatkartoffeln
Salz, Pfeffer
1 große Zwiebel
3–4 EL Fleisch- oder Gemüsebrühe
3–4 EL Weinessig
3 EL Öl (vorzugsweise Olivenöl)
Schnittlauch

1 Die Kartoffeln gründlich bürsten und waschen, dann in gesalzenem Wasser gar kochen, abkühlen und abbinden lassen. Die Kartoffeln noch lauwarm pellen, in Scheiben schneiden und sofort anmachen: Salzen und aus der Mühle pfeffern. Die Zwiebel hacken und zufügen, die Kartoffelscheiben mit etwas Fleisch- oder Gemüsebrühe befeuchten, auch den Essig zugeben und das Ganze vorsichtig miteinander vermengen.

2 Kurz ziehen lassen, dann erst das Öl zugießen, erneut umwenden und abschmecken. Eventuell noch etwas Fleischbrühe zufügen, Salz und Säure aufeinander abstimmen. Der Salat muss jetzt schön saftig – *»schlunzig«* oder *»schlonzig«* – sein.

TIPP

Am besten lassen sich die Kartoffeln auf dem Gurkenhobel in gleichmäßige Scheiben schneiden. Von Hand geraten die Scheibchen nur bei Ausnahmeköchinnen absolut gleich, die mit Kartoffelsalat viel Erfahrung haben!

Varianten zu beiden Grundrezepten

● Man kann vorwiegend fest kochende, aber auch mehlig kochende Kartoffeln zum Salat nehmen. Dann wird er aber nicht so akkurat aussehen, weil die Scheiben leichter zerfallen. Zudem kommt es darauf an, ob man die Kartoffeln bereits am Vortag gekocht hat (dann können es sogar übrig gebliebene Salzkartoffeln sein, die man aber mit Klarsichtfolie abgedeckt aufbewahren muss, sonst bekommen sie harte Kanten!) oder noch heiß pellt.

● Ganz wesentlich ist natürlich, welchen Essig man verwendet – reinen Weinessig (wegen der Farbe vorzugsweise Weißweinessig, aber auch Rosé- oder Rotweinessig kann man nehmen) und die deutsche Variante des Weinessigs (der paradoxerweise aus 80 % Branntweinessig und nur 20 % echtem Weinessig besteht, was nichts anderes als eine vom Gesetzgeber sanktionierte Verbrauchertäuschung ist), Apfelessig, Kräuteressige und andere Spezialitäten (zum Beispiel mit Honig gesüßt, mit exotischen und intensiven Gewürzen aromatisiert), und schließlich Balsamicoessig (wobei für den einfachen Kartoffelsalat die inzwischen »erfundene« weiße Variante besser geeignet ist, weil er die Kartoffeln nicht verfärbt).

● Ebenso sehr beeinflusst natürlich auch das Öl den Geschmack: Es kommen vollkommen andere, nicht zu vergleichende Ergebnisse zustande, je nachdem, ob man Olivenöl (vom milden der ligurischen Küste bis zum bitter-intensiven aus den Bergen des Chianti, vom vollen griechischen bis zum eleganten katalanischen), geschmacksneutrale Pflanzenöle (zum Beispiel Sonnenblumen-, Erdnuss- oder Sojaöl), aromatische Pflanzenöle (Raps-, Walnuss-, Haselnuss-, Pinienkern-, Mandel-, Distelöl etc.), gewürzte Öle (mit Kräutern, Pfeffer, Chili, Knoblauch etc.) oder, wie die Steirer im südlichen Österreich, das intensive, dunkelgrüne Kürbiskernöl nimmt.

● Neben Zwiebel kann man natürlich Knoblauch, Kräuter, Senf, aromatische Flüssigkeiten (Wein, Sherry, Worcerstershire-, Soja- oder Fischsauce etc.) zufügen. Und Gewürze sowie Würzmischungen (man hört, dass manch einer auf Aromat schwört...).

Kartoffelsalate als ganze Mahlzeit

Nimmt man ausschließlich erstklassige Zutaten, wird ein simpler Kartoffelsalat garantiert zum kulinarischen Spitzenerlebnis! Und ist dann sozusagen die Basis, auf der man variantenreich zu improvisieren und zu arbeiten beginnen kann. Und wenn wir diese eigentlich fast schlichten Salate unserer Grundrezepte als Pflicht betrachten, folgt nun die Kür:

Salate, die sich als Vorspeise, Zwischengericht oder kleine Mahlzeit selbst genug sind und keine Beilage – höchstens etwas Brot – benötigen. Die verschiedenen Kartoffelsorten und die auf unterschiedliche Art vorbereiteten Kartoffeln können damit die ganze Bandbreite von Möglichkeiten aufzeigen, ganz individuelle Kartoffelsalate zu entwickeln.

Kartoffelsalat mit Schinken

Frisch gekochte, also noch ganz heiße, vorwiegend fest kochende Kartoffeln (Sieglinde oder Selma) mit gekochtem Schinken, viel Petersilie, milder, weißer Zwiebel, frisch gemahlenem Pfeffer und grobem Meersalz, angemacht mit Zitronensaft und Olivenöl – wir lieben diesen Salat zu einem üppigen Sonntags-Brunch mit Freunden (dann allerdings begleitet von weiteren Salaten und verschiedenen Würsten). Dazu passt am besten ein kühles Bier!

Für vier Personen:

1 kg fest kochende Kartoffeln
Salz
250 g gekochter Schinken (Beinschinken, vorzugsweise mit einem kleinen Fettrand und Schwarte)
1 großes Bund glattblättrige Petersilie
2 große weiße Zwiebeln (ersatzweise 2 Bund Frühlingszwiebeln)
Pfeffer aus der Mühle
Meersalz (vorzugsweise ungereinigtes aus der Bretagne)
5 EL Zitronensaft
3 EL würziges Olivenöl extra vergine

1. Kartoffeln schrubben und in Salzwasser gar kochen.

2. Unterdessen den Schinken samt Fett und Schwarte zuerst auf der Aufschnittmaschine in nicht zu dünne Scheiben (ca. 2–3 mm stark), dann in 1/2 cm schmale Streifen von etwa 3 cm Länge schneiden. Petersilie fein hacken. Die Zwiebeln würfeln (von den Frühlingszwiebeln nur das Weiße und Hellgrüne in Ringe schneiden). Alles in die Salatschüssel geben.

3. Kartoffeln abgießen und sofort pellen – dazu ist eine Kartoffelgabel sehr nützlich, mit der man die höllisch heißen Kartoffeln auf drei Zinken aufspießen kann, ohne Gefahr zu laufen, dass sie dabei auseinander brechen.

4. Die Kartoffeln unzerteilt in die Salatschüssel zu den anderen Zutaten legen. Mit reichlich Pfeffer und dem nötigen Meersalz bestreuen und mit dem Zitronensaft beträufeln. Erst jetzt mit Messer und Gabel zerteilen, wobei sich das Salz im Zitronensaft auflöst, der wiederum von den Kartoffeln aufgesogen wird. Durch die Hitze wird ein Teil des Schinkenfetts gelöst, ebenso die Schwarte weich und geschmeidig. Beides gibt dem Salat Kraft und Stand.

5. Erst ganz zum Schluss, wenn ein Teil der Kartoffeln zu einer Art Brei verschmolzen ist, das Olivenöl untermischen – es ist nur eine verhältnismäßig geringe Menge Öl nötig!

Getränk: Bier oder ein trockener Weißwein.

Blauer Kartoffelsalat mit Krabben

Zutaten für zwei Personen:

500 g blaue Kartoffeln (Truffes de Chine)
Salz, Pfeffer
1 kleine oder 1/2 normale Salatgurke
2 Stangen oder das Herz einer Bleichselleriestaude
2 Bund Dill
1 frische rote Chilischote
200 g Nordseekrabben (gepult)
3–4 EL Apfelessig
2–3 EL Rapsöl (kaltgepresst)

1 Die Kartoffeln in Salzwasser kochen und zugedeckt fast vollkommen abkühlen lassen, damit sie ihre Form behalten – aber trotzdem noch eben lauwarm schälen.

2 Unterdessen die Gurke schälen, nötigenfalls entkernen und in kleine Würfel schneiden. Ebenso den Stangensellerie fein würfeln, die Blätter grob zerschneiden.

Blaue Kartoffeln, die fast vollkommen vom Markt verschwunden waren, findet man inzwischen wieder in guten Delikatessengeschäften. Sie werden, aus Frankreich importiert, für teures Geld angeboten. In Deutschland wurden sie von den Nazis verboten, weil die Sorte nur geringen Ertrag bringt und man sie daher als Luxusgut betrachtet und für die Volksgesundheit als schädlich eingestuft hatte. Manche pfiffige Bauern aber sind mittlerweile auf die Idee gekommen, sie auch bei uns wieder auf geeigneten, leichten und durchlässigen Böden anzubauen (Bezugsquellen Seite 202).

TIPP

Wer mag, würzt noch mit einer fein gewürfelten violetten Zwiebel – das passt sowohl optisch als auch geschmacklich! Vollkornbrot oder Pumpernickel schmeckt besonders gut dazu.

3 Dillblättchen von den Stängeln zupfen, nicht hacken. Chilischote entkernen und in schmale Halbringe schneiden.

4 Diese Zutaten samt den Nordseekrabben, Salz, Pfeffer und Apfelessig behutsam umwenden, erst dann das Öl zufügen.

5 Kartoffeln schälen und ebenfalls würfeln. Zum Salat geben, alles vermischen und 5 Minuten ziehen lassen, dann nochmals umwenden, abschmecken und zu Tisch bringen.

Getränk: Ein frischer, eher neutral schmeckender Weißwein (Silvaner aus Rheinhessen, Gutedel aus dem Südbadischen oder ein Weißburgunder), herber Rosé (Weißherbst) oder Bier.

Thailändischer Kartoffelsalat mit Rindfleisch

Zutaten für vier Personen:

750 g Salatkartoffeln (Bamberger Hörndl, Kipferl oder »la ratte«)
250 g gekochtes Rindfleisch (Tafelspitz)
1 Bund Radieschen
je 1/3 rote, grüne und gelbe Paprikaschote
1 Bund Frühlingszwiebeln
2 Knoblauchzehen ebenso viel frischer Ingwer
2 EL thailändischer Duftreis

Salatsauce:
2 EL Fischsauce
1 EL Sojasauce
1 EL Chilisauce
4 EL Limonensaft (oder Zitronensaft)
2 EL Wasser
1 EL Zucker oder Honig
1 TL Sesamöl
3 EL geschmacksneutrales Öl
Thailändische Kräuter: Thai-Basilikum, asiatische Minze, Koriandergrün, wenn möglich
1 Stängel Zitronengras und 2 Zitronenblätter

1. Die Kartoffeln kochen und abkühlen lassen, pellen und in Scheiben schneiden.

2. Das Rindfleisch von allen Fetträndern und, wenn vorhanden, Sehnen auf der Oberseite befreien. Das schiere Fleisch auf der Aufschnittmaschine in hauchdünne Scheiben, dann quer in nicht zu kleine Flecken (Quadrate) oder Streifen schneiden.

3. Die Radieschen in Scheibchen hobeln, die Paprika in schmale Streifen und die Frühlingszwiebeln samt Grün in schräge Scheibchen schneiden. Knoblauch und Ingwer winzig fein hacken.

4. Den Reis in einer Pfanne ohne weitere Zugabe anrösten. Abkühlen lassen und grob zerstoßen: am besten in der Küchenmaschine, notfalls von Hand im Mörser oder einfach mit einer Flasche darüber rollen – in letzterem Fall allerdings ein Blatt Klarsichtfolie über die Körner legen, weil sie sonst in der ganzen Küche umherspringen!

Ein asienwürziger Salat, warum sollen darin nicht auch mal Kartoffeln eine tragende Rolle bekommen? In diesem Fall brauchen wir fest kochende Kartoffeln, fast ganz abgekühlt und gut abgebunden, so dass schöne, gleichmäßige Rädchen geschnitten werden können.

5 Die Salatzutaten mit einer Sauce aus den angegebenen Zutaten übergießen – den Honig dafür in etwas heißem Wasser auflösen – und vorsichtig umwenden. Ein paar Minuten ziehen lassen.

6 Inzwischen die Kräuter vorbereiten: Je eine Hand voll abgezupfter Basilikum- und Minzeblätter in Streifen schneiden, die Korianderblätter nur abzupfen. Das Herz einer Stange Zitronengras und die beiden Kaffir-Zitronenblätter in haarfeine Streifchen schneiden – diese dafür zunächst längs umknicken und die harte Blattrippe abziehen; dann aufeinander legen und fest aufrollen. Die Rolle in hauchdünne Rädchen schneiden, die zu haarfeinen Streifen auseinander fallen.

7 Die Kräuter mit dem Salat vermischen. Die zerbrochenen Reiskörner darüber streuen – sie sorgen für einen interessanten Biss – und sofort servieren.

TIPP

Wer es lieber schärfer mag, würzt mit frischen Chilischoten – mit oder ohne Kerne und fein gewürfelt!

Getränk: Wir lieben dazu einen duftigen, aromatischen Wein, also einen trocken ausgebauten Muskateller, eine Scheurebe oder einen Riesling von der Nahe (Monzingen) oder der Mosel (Ürzig).

Kartoffelsalat mit Spargel und Würstchen

Zutaten für vier Personen:

500 g fest kochende Kartoffeln
Salz, Pfeffer
500 g grüner Spargel
4 Frankfurter, Wiener
oder Saitenwürstchen
das Herz oder 1/2 kleiner
Frisée-Salat
250 g gekochte weiße Bohnen
oder Linsen (z. B. vom Vortag)
2 EL Zitronensaft
2 EL Balsamicoessig
4 EL gutes Olivenöl

1 Kartoffeln in Salzwasser kochen, nur kurz abkühlen und noch nicht vollkommen abbinden lassen, so dass zwar die Form der Scheiben weitgehend erhalten bleibt, die Sauce aber dennoch eine gewisse Sämigkeit bekommt.

2 Spargelenden schälen, die Stangen in schräge Abschnitte von etwa 2 cm Länge schneiden und in Salzwasser knackig kochen. Eiskalt abschrecken.

Klingt ungewöhnlich, schmeckt aber ausgezeichnet – allerdings müssen die Würstchen von makelloser Qualität sein, also von einem erstklassigen Metzger stammen!

3 Würstchen in heißem Wasser gar ziehen und wieder etwas abkühlen lassen, dann in Scheibchen schneiden. Frisée putzen, waschen und in mundgerechte Stücke zerteilen. Die Bohnen oder Linsen nicht kühlschrankkalt verwenden, sondern neben dem Herd oder in der Mikrowelle lauwarm werden lassen.

4 Alle Zutaten in eine Salatschüssel geben, mit Salz bestreuen, pfeffern und mit Zitronensaft und Balsamico beträufeln. Umwenden und das Öl erst zufügen, wenn sich das Salz aufgelöst hat. Jetzt noch einmal alles gut miteinander vermischen.

TIPP

Da die braunen Linsen den Balsamico sozusagen neutralisieren, kann man hier ruhig den normalen dunklen Balsamicoessig verwenden. Nach Belieben zusätzlich mit Chili schärfen, mit Knoblauch oder Zwiebel aromatisieren und mit Kapern und/oder Sardellen würzen!

Getränk: Dazu trinken wir einen nicht zu säurereichen, vollen Weißwein – etwa Malvasia oder einen Pinot Grigio aus dem Friaul.

Gebratener Kartoffelsalat mit Artischocken und Hühnerbrust

Zutaten für vier Personen:

750 g Kartoffeln vom Vortag
2 lila Artischocken (mittelgroß, entsprechend 1 große bretonische oder 4 kleine provenzalische Artischocken)
1/2 Zitrone
3 EL Olivenöl
Salz, Pfeffer
2 gebratene Hühnerbrüste (kalt)
2 nicht zu reife, möglichst noch etwas grüne Fleischtomaten
1 Bund Basilikum
2-3 EL Rotweinessig
2 EL Walnussöl

1. Die Kartoffeln schälen und in nicht zu dünne, also etwa 3 bis 4 mm starke Scheiben schneiden.

2. Die rohen Artischocken putzen: Die Blätter oben quer so weit abschneiden, bis ihre gelben, zarten Teile sichtbar werden. Die Artischocken längs halbieren, mit einem kleinen, scharfen Messer außen alle dunklen und harten Blätter wegschneiden, aus dem Herzen die eventuell schon ausgebildeten stacheligen Innenblätter entfernen. Den Boden schälen und das möglicherweise vorhandene Heu aus der Mitte mit einem kleinen, scharfkantigen Löffel herauslösen.

3. Die Herzen mit der Zitronenhälfte abreiben, dann in dünne Scheiben (wie eine Gurke) hobeln. Bis zum Verwenden in Zitronenwasser legen, dann verfärben sie sich nicht so schnell unansehnlich dunkel. Auf Küchenpapier abtropfen lassen und wieder trockentupfen.

Klingt vielleicht auch ungewöhnlich, ist aber einen Versuch wert: fest kochende Kartoffeln vom Vortag, die in Scheiben geschnitten und angebraten werden. Dazu kommen rohe Artischockenscheiben, die ganz langsam mit gebraten werden.

4 Das Olivenöl in einer beschichteten Pfanne erhitzen, Kartoffeln und Artischocken darin zusammen ganz langsam golden braten. Immer wieder wenden, damit alle Stücke goldbraun werden können. Erst gegen Ende salzen. Nach dem Braten auf Küchenkrepp ausbreiten und etwas abkühlen lassen.

5 Die Hühnerbrüste und halbierte, vom Stielansatz befreite Tomaten in Scheiben schneiden. Basilikumblätter in breite Streifen schneiden.

6 Unmittelbar vor dem Servieren alle vorbereiteten Zutaten in eine Salatschüssel füllen, mit Pfeffer übermahlen, mit Rotweinessig besprenkeln (oder aus einer Sprühflasche besprühen) und mit Walnussöl würzen. Umwenden, abschmecken und sofort servieren.

TIPP

Gut schmeckt es, wenn man zusammen mit Kartoffeln und Artischocken auch Scheiben von Zwiebeln und/oder Knoblauch brät.
Die Tomaten sollen nicht zu reif sein, weil – besonders, wenn Sie die wohlschmeckenden festen, stark gerippten Fleischtomaten aus Italien verwenden – ihr Fruchtfleisch beim Nachreifen immer etwas mehlig wird und seine erfrischende Saftigkeit verliert.

Als Getränk passt ein fruchtiger Rotwein, etwa ein junger Chianti oder Colcetto.

Warmer Kartoffelsalat mit Aioli und Oktopus

Zutaten für vier Personen:

750 g kleine, junge Kartöffelchen
Salz
1 Bund Basilikum

Oktopusse:
500 g kleine Oktopusse (= Kraken – mit den Saugnäpfchen an den Armen, auch als Tintenfische angeboten)
1/4 l trockener Weißwein
1 Möhre
1 Stück Lauchstange
1 Stück oder Stange Sellerie
einige Petersilien- oder Basilikumstängel
2 Lorbeerblätter
1/2 unbehandelte Zitrone
je 1 EL Pfeffer- und Korianderkörner
Salz

Aioli:
2 Eigelb
1 große Knoblauchknolle
1 EL Dijon-Senf
1 gute Prise Cayennepfeffer
Chili- oder scharfes Paprikapulver
1 Messerspitze Safranpulver
Salz
1/8 l sehr würziges (provenzalisches) Olivenöl
1-2 EL Zitronensaft

1. Die Kartoffeln in Salzwasser kochen. Noch heiß abgießen, pellen und vierteln. In eine Salatschüssel geben.

2. Während die Kartoffeln kochen, die Oktopusse waschen (tiefgekühlte langsam auftauen lassen) und in einem Sud aus 1/2 Wasser, 1/2 Weißwein, der mit den angegebenen Zutaten (Gemüse zerkleinert) kräftig gewürzt wird und zuvor etwa 1/4 Stunde leise geköchelt haben muss, in 10 Minuten gar ziehen lassen, ohne zu kochen. Kocht der Sud und garen die Oktopusse zu lang, werden sie hart.

3. Die Tintenfische noch heiß herausnehmen, die Arme in angenehm kleine Bissen schneiden, das harte Mundstück sowie das Kopfteil mit den Augen abtrennen und wegwerfen. Das Tintenfischfleisch zu den Kartoffeln geben.

Eine provenzalische Kreation, die man in ähnlicher Form im gesamten Mittelmeerraum schätzt: Kleine, fest kochende Kartöffelchen werden noch heiß gepellt, geviertelt und mit Knoblauchmayonnaise angemacht.

4 Für die Aioli Eigelb schaumig rühren, die gesamte Menge an Knoblauch hineinpressen, den Senf einrühren und mit Cayennepfeffer, Safran und Salz würzen. Nach und nach das Öl einschlagen – wird die Aioli-Mayonnaise zu dick, etwas Zitronensaft oder auch heißes Wasser zufügen, zum Schluss schön säuerlich abschmecken.

5 Die heißen Kartoffeln mit Oktopus und Aioli mischen, vorzugsweise gleich in Suppentellern verteilen, eventuell etwas Kochsud vom Oktopus zugeben, mit Basilikumblättern bestreuen und sofort servieren!

TIPP

Vorzugsweise den besonders würzigen, aber dennoch nicht aufdringlichen, violetten Knoblauch aus der Provence kaufen! Dazu warmes Baguette reichen, denn die Kartoffeln nehmen längst nicht alles von der Aiolisauce (und dem Sud) auf, so dass ein Auswischen der Teller großes Vergnügen bereitet.

Getränk: Dazu passt ein duftiger, trockener Wein aus der Provence – das kann Weißwein (aus Cassis) oder Rosé (aus dem Var) oder auch kühl servierter Rotwein (aus Bandol) sein, ein Weißwein aus Ligurien (Vermentino oder Pigato), aus der Toskana oder Sardinien (ebenfalls Vermentino), oder sogar von Mallorca (Blanco de Binissalem)...

Entscheidend wird ein Kartoffelsalat durch den Essig geprägt, den man dafür verwendet. Da lässt sich wahrer Kult treiben. Alois Gölles, zum Beispiel (auf dem Bild links in seinem Reifekeller), produziert in seiner Essig-Manufaktur im österreichischen Riegersburg mehr als 40 verschiedene Essige der unglaublichsten Geschmacksrichtungen.

Juni/Juli

Was ist ein Matjes? Es klingt holländisch und ist es auch: Matjes leitet sich von *meisje* ab, was Mädchen heißt. Denn ein Matjes ist ein mädchenhafter, beziehungsweise ein noch jungfräulicher Hering, der noch nicht gelaicht hat. So jedenfalls war das ursprünglich. Aber inzwischen macht man sich ein Wunder der Natur zunutze: Denn anders als ein Mädchen wird ein Hering sozusagen jedes Frühjahr erneut zur Jungfrau. Denn jedes Frühjahr muss sich eine Heringsdame ordentlich Fett anfuttern, damit sie genügend Kraft in ihren Rogen stecken und laichen kann. Und nur ein solch herausgefütterter, wohl gemästeter, weiblicher Hering, der also noch nicht geschlechtsreif ist, ist der Stoff, aus dem ein echter Matjes werden kann. Nachdem der Rogen ausgebildet und alles Fett und alle Kraft dort hineingewandert sind, ist der Fisch abgemagert und kann höchstens noch zum Bismarckhering werden, ist nicht mehr als Matjes geeignet.

Matjes – der zarteste unter den Heringen

Matjes –
es passiert im Frühjahr

Wenn die Sonne das Meer zu erwärmen beginnt, bildet sich durch die Photosynthese reichlich Plankton, die Lieblingsspeise der Heringe: Dann ziehen sie aus den kalten, tiefen Gewässern ihrer optimalen Fettgehalt erreicht. In den letzten Jahrzehnten hat sich der Beginn der Matjessaison um einen ganzen Monat nach vorn verschoben – dank der weniger strengen Winter und der es sind deshalb tatsächlich die kleinsten, feinsten und zartesten. Erst danach, ab dem 1. Juni, tritt dann der neue Matjes seine Reise zu seinen Liebhabern im Rest der Welt an.

Winterruhe in großen Schwärmen zu ihren Laichplätzen in seichtere, wärmere Regionen. Sie futtern sich in wenigen Wochen dick und fett. Früher hieß es: Rund um den Johannistag – das ist der 24. Juni, ein Tag übrigens, den sich auch die Spargelliebhaber merken, weil danach kein Spargel mehr gestochen werden darf, damit die Wurzelstöcke geschont werden – haben sie dann ihren schnelleren Erwärmung der Meere sind die Heringe früher geschlechtsreif. Heute feiert man in Holland den neuen Matjes bereits am letzten Wochenende im Mai. Dann bekommt die Königin traditionsgemäß das allererste Fässchen mit den besten, fettesten und zartesten Matjes überreicht. Es handelt sich in diesem Fall natürlich um diejenigen, die erstmals geschlechtsreif werden,

Wie aus einem Hering ein Matjes wird

Ein Holländer hat sich vor mehr als 600 Jahren das Rezept ausgedacht, wie man aus Heringen Matjes macht. Nötig ist dazu das so genannte Kehlen: Dafür wird der Fisch unterhalb der Kiemen aufgeschlitzt, durch diese Öffnung werden die Innereien herausgezogen. Ein Teil der Bauchspeicheldrüse jedoch,

der Pankreas, bleibt drinnen. Die Fische werden mit wenig Salz (höchstens 3 %!) in ein Fass geschichtet, wo die Enzyme des Pankreas zusammen mit dem Salz die Heringe innerhalb von wenigen Tagen reifen und sie zu Matjes werden lassen.
Natürlich hat inzwischen längst menschlicher Erfindergeist in diesen Ablauf eingegriffen und Methoden entwickelt, nach denen die ganze Sache nicht nur einfacher zu bewerkstelligen ist, sondern Matjes auch rund ums Jahr verfügbar macht.
Heutzutage werden die Heringe nämlich bereits an Bord der Fangschiffe tiefgefroren – nicht nur, damit sie besser frisch bleiben, sondern auch, um die Nematoden zu töten, das sind kleine Ungeziefer, die in den Fischen sein können. So konserviert stehen sie rund ums Jahr im richtigen Alter zur Verfügung, können aber bei Bedarf jederzeit aufgetaut, eingesalzen und in kurzer Zeit zu Matjes gereift werden.
Häufig werden die Heringe sofort, noch an Bord der Fangschiffe, vor dem Frosten filiert, denn Filets lassen sich einfacher, schneller und billiger reifen; allerdings fehlt ihnen der Schmelz und die Zartheit, die ein Matjes nur erhält, wenn er an der Gräte und in seiner Haut hat reifen dürfen.

Einkauftipps

Beim Einkaufen sollte man genau darauf achten, wie der Matjes bezeichnet ist. Es steht fest: Aus Holland kommt die beste Qualität – schließlich betreibt man dort damit einen Kult, den die Genießer auch bereit sind, zu bezahlen. Milde, an der Gräte gereifte Matjes werden unter der Bezeichnung LS Matjes oder als so genannte Primtjes angeboten. LS steht für: leicht gesalzen, Primtjes für Erstling. Man bekommt sie bei uns fast ausschließlich tiefgefroren, weil sie so rasch verderben. Sie sollten langsam, also im Kühlschrank auftauen und dann sofort verbraucht werden.
Tipp: Sie werden seit neuestem bei uns in guten Fischgeschäften angeboten, man sollte unbedingt danach fragen. (Bezugsquelle Seite 203)
Ansonsten sind Matjes bei uns, wie der Fachmann sagt, hart gesalzen – statt der in Holland üblichen 3 % ist hier der Salzgehalt mit 12 % entschieden höher – das macht den Umgang mit den Fischen erheblich einfacher, denn sie halten besser, sind aber – leider! – auch nicht so delikat! Diese Matjes sind fester im Fleisch als die holländischen, selbstverständlich auch salziger. Wem sie zu salzig sind, der kann sie vor dem Verzehr unter flie-

ßendem Wasser wässern, bis sie wieder mild genug sind. Manche schwören auf »wässern« in Butter- oder in Vollmilch.
Und dann kennt man im Handel noch »Heringe nach Matjesart«, wofür normale Heringsfilets mithilfe von künstlichen (naturidentischen) Enzymen gereift werden. Das ist billiger, weil die Fische dafür das ganze Jahr über gefangen bzw. von überall her importiert werden können, die ausgewachsenen Fische größer sind bzw. größere Filets liefern und weil es schneller geht als auf die herkömmliche Weise. Aber es fehlt den so erzeugten »Matjes« ihre charakteristische Zartheit, ihr typischer Schmelz und auch die übliche cremige Farbe mit dem appetitlichen rosa Schimmer. Wie Marzipan, sagen die Matjesfans...

Man kann Matjes im Ganzen oder als so genannte Doppelfilets kaufen. Letztere dienen als Nachweis, dass die Fische tatsächlich an den Gräten und nicht als Filets gereift wurden, also auf die traditionelle Weise und nicht womöglich mit künstlichen Enzymen. Wer Wert auf junge Matjes legt, muss darauf achten, dass er kleine Fische kauft. Das Filieren erfordert eine gewisse Übung und ein gutes, das heißt scharfes Messer!

Was alles im Matjes an Gutem steckt

Matjes enthalten besonders viel Eiweiß, liefern Kalium, Natrium und Phosphor, dazu noch viele andere Spurenelemente. Außerdem sind sie voller wichtiger Vitamine, zum Beispiel B3, B6 und B12, Vitamin D, Vitamin A und essenzieller Mineralstoffe, wie Eisen, Selen und Fluor. Matjes liefern aber auch reichlich Fett, nämlich mit 22 Gramm fast dreimal soviel wie ein normaler Hering – das ist übrigens auch der Grund, warum sie so herrlich schmecken: Fett ist eben doch Aromaträger...

Ein letzter Tipp: Das Arbeitsbrett in der Küche – besser Holz als Plastik!

In Restaurantküchen sind seit längerer Zeit Arbeitsbretter aus Holz verboten. Sogar Messer mit Holzgriffen mussten gegen solche mit Plastikgriffen ausgetauscht werden, und die guten alten hölzernen Kochlöffel wurden vollkommen verbannt. Das ist völlig unbegreiflich, denn es ist längst wissenschaftlich erwiesen, dass Holz als lebendes Material die besseren Eigenschaften und Voraussetzungen zur hygienischen Reinigung hat. So sollte man lieber ein Holzbrett zum Arbeiten in der Küche nehmen, vor allem, wenn man mit Fisch hantiert, denn Holz wirkt aseptisch, tötet also die Bakterien ab, die mit den Lebensmitteln auf die Oberfläche getragen werden, während sie sich in den Rillen und Schnittstellen eines Plastikbretts vermehren. Die im Holz enthaltenen Tannine (Gerbsäuren) wirken antibakteriell. Außerdem lassen sich Holzbretter wesentlich gründlicher und nachhaltiger reinigen als Plastikbretter. Man braucht sie nur nach Gebrauch gründlich abscheuern und mit heißem Wasser nachspülen – während Bretter aus Plastik regelmäßig mit einer Ziehklinge abgezogen werden müssen, und trotzdem können sich in tieferen Ritzen noch Bakterien lebendig halten!

Matjes pur
Matjeshappen

Für zwei Personen:

2 dünne Scheiben Vollkornbrot
Butter
2 Matjesfilets
1 junge oder weiße Zwiebel

Kleine, höchstens handspannenlange Matjes isst man auf holländische Art: Man fasst sie an ihrer Schwanzflosse – die immer dran bleibt, als Nachweis, dass es ein traditionell gereifter Matjes ist! – und lässt das Filet bei nach hinten gebeugtem Kopf im Mund verschwinden. Dann kippt man einen Genever hinterher, einen holländischen mit Wacholder aromatisierten Getreidebrand – oder ein Gläschen aromatischen Linie-Aquavit (das ist jener aus Norwegen, der im Eichenfass einmal um die Welt geschippert wird, damit er sein besonderes Aroma bekommt... wohl bekomm's!

Die Brotscheiben dünn buttern, die Matjesfilets darauf verteilen. Die Brote in bissengroße Happen schneiden.
Die Zwiebel in dünne Ringe hobeln und auf den einzelnen Bissen verteilen.

Matjessalat

Ein Klassiker – und auch wieder eins von den Rezepten, für das es landauf, landab Tausende von Variationen gibt. Denn im Prinzip passt alles hinein, was der Kühlschrank gerade bietet: Wir nehmen unter anderem grüne Bohnen dazu, denn auch das ist eine klassische Zusammenstellung. Die ersten Matjes und die ersten grünen Bohnen kamen einstmals zur gleichen Zeit auf den Markt – heute sind sie ja praktisch rund ums Jahr verfügbar. Die Speckstippe, die man in Norddeutschland dazu liebt, ist allerdings nicht unser Ding. Schließlich ist Matjes allein schon fett genug...

Für vier bis sechs Personen:

600 g fest kochende Kartoffeln
250 g grüne Bohnen
Salz, Pfeffer
4–6 Matjes-Doppelfilets (je nach Größe)
2 junge Zwiebeln
250 g gekochte Rote Bete (gibt es bereits gekocht und vakuumverpackt in fast jedem Gemüseregal)
200 g Naturjoghurt
100 g saure Sahne
Saft von 1 großen Zitrone
1 gehäufter EL scharfer Senf
Kräuter wie Schnittlauch, Dill, Borretsch, Liebstöckel
2–3 EL Olivenöl

1. Die Kartoffeln bereits zwei Stunden vorher kochen, damit sie etwas abbinden können und die Scheiben ihre Form behalten. Pellen und in 3 mm dünne Scheiben schneiden.

2. Die Bohnen putzen, in Stücke schneiden, in stark gesalzenem Wasser bissfest kochen und eiskalt abschrecken, damit sie ihre schöne grüne Farbe behalten.

3. Die Matjes putzen und in zwei Zentimeter große Würfel schneiden. Die Zwiebel fein hacken. Die Rote Bete pellen und in 1/2 Zentimeter kleine Würfel schneiden. Alle Zutaten in einer großen Schüssel locker mischen.

4. Joghurt, saure Sahne, Zitronensaft, Senf, Salz, Pfeffer, fein gehackte Kräuter und schließlich einen guten Schuss Olivenöl verrühren und über die Zutaten gießen. Behutsam mischen, etwas durchziehen lassen, bevor der Salat serviert wird.

Dazu gehört kräftiges Bauernbrot und ein herbes Pils!

Matjes-Tatar

Für vier Personen:

4 Matjes-Doppelfilets
2 Schalotten
2 EL feinste Kapern
2 EL winzige Cornichons
(oder 4–6 Stück)
1 Bund Schnittlauch
1 TL Senf
1 EL Apfelessig
etwas Zitronensaft
2 festfleischige Tomaten
1 EL Balsamicoessig
3 EL Olivenöl
Salz, Pfeffer
2 Scheiben Grau- oder Hausbrot
1 Knoblauchzehe

1 Die Matjesfilets von Flossen und dem letzten Stück Schwanzgräte befreien, sie dann zuerst längs in schmale Streifen, dann quer in ebenso feine Würfel schneiden.

2 Die Schalotten winzig würfeln. Die Kapern, wenn nötig, hacken. Die Cornichons ebenfalls in feinste Würfel, den Schnittlauch in schmale Röllchen schneiden. Alle Zutaten in einer Schüssel mischen und mit Senf, etwas mildem Apfelessig und einigen

Spritzern Zitronensaft anmachen. Pfeffer grob darüber mahlen. Das Tatar mit einem Esslöffel zu Nocken formen und auf Vorspeisentellern anrichten.

3 Die Tomaten mit kochendem Wasser überbrühen, abschrecken, häuten, entkernen und schließlich in 1/2 Zentimeter kleine Würfel schneiden. Mit Balsamico und zwei Löffeln Olivenöl marinieren, erst unmittelbar vor dem Servieren mit Salz und Pfeffer

Dafür werden die Matjesfilets mit einem scharfen Messer sehr akkurat fein gewürfelt – auf keinen Fall gehackt, damit das zarte Fleisch nicht zerdrückt wird.

würzen. Rund um die Tatarnocken auf dem Teller verteilen.

4 Das Graubrot im restlichen Öl auf beiden Seiten golden rösten, mit Knoblauch abreiben und in Dreiecke schneiden. Die Teller damit dekorieren.

Getränk: Dazu passt ein Pils oder ein säurefrischer, sehr trockener Apfelsekt, denn Wein oder Sekt aus Trauben ist schwierig im Zusammenklang mit Matjes. (Bezugsquelle für den Apfelsekt aus unserem Apfelgut Seite 202)

Pellkartoffeln mit Matjesquark

Für vier Personen:

1 kg fest kochende Kartoffeln (am besten neue!)
Salz, Pfeffer
4–6 Matjes-Doppelfilets (je nach Größe)
500 g Magerquark
1 große Zwiebel
1–2 Tassen Kräuter (wer Lust auf einen Spaziergang hat, sammelt Wildkräuter; ansonsten nimmt man, was Garten oder Markt bietet: Schnittlauch, Dill, Kerbel, Kresse usw.)
Zitronensaft

Ein herrlicher schneller Imbiss. Besonders erfrischend und leicht an einem frühsommerlichen, warmen Abend auf der Terrasse.

❶ Die Kartoffeln gründlich bürsten, in Salzwasser gar kochen und abgießen.

❷ Für den Quark die Matjes mit einem großen Messer sehr fein hacken – das zarte Fleisch darf ruhig zermusen. Mit Quark, geriebener Zwiebel und reichlich fein gehackten Kräutern vermischen. Den Quark mit wenig Salz (falls die Matjes salzig genug sind), aber reichlich Pfeffer und Zitronensaft abschmecken.

❸ Den Matjesquark zu den gekochten Kartoffeln servieren, die mit der Schale gegessen werden. Ein einfaches, aber herrliches Gericht.

Getränk: Dazu passt ein frisches, zischendes Pils.

Kartoffelrosette mit Matjeshäckerle

Für vier Personen:

Kartoffelrosette:
3–4 mittelgroße Kartoffeln (eine mehlige Sorte!)
3 EL Olivenöl
Salz, Pfeffer

Matjeshäckerle:
2–4 Matjes-Doppelfilets (je nach Größe)
3 Eier
3 Frühlingszwiebeln
100 g Magerquark
1 EL Crème fraîche
Salz, Pfeffer
Zitronensaft
Cayennepfeffer
Worcestershiresauce
Salatblätter

1. Für die Kartoffelrosetten die Kartoffeln roh schälen und auf dem Gurkenhobel in gleichmäßig dünne Scheiben schneiden. In einer beschichteten Pfanne etwas Öl erhitzen, die Kartoffelscheiben darin sehr akkurat übereinandergreifend zu einer Rosette anordnen. Die Oberseite salzen und pfeffern. Sobald die Unterseite sanft gebräunt ist, die Rosette wenden und auch auf der anderen Seite braten, bis sie goldbraun geworden ist. Nach diesem Muster nacheinander so viele Rosetten backen, bis alle Kartoffelscheiben aufgebraucht sind.

2. Für das Häckerle die Matjes sorgfältig von Grätenresten und Flossen säubern und wie fürs Tatar beschrieben (siehe Seite 16) in feine Würfel schneiden.

3. Die in ca. 10 Minuten hart gekochten Eier mit dem Eierschneider würfeln. Das Weiße der Frühlingszwiebeln sehr fein hacken, das Grün in schmale Ringe schneiden.

Man kann kleine Portionsrosetten backen oder eine pfannengroße, die dann in Tortenstücke aufgeschnitten auf die Personen verteilt wird.

4 Quark und Crème fraîche glatt rühren, mit Salz, Pfeffer, Zitronensaft, Cayennepfeffer und Worcestershiresauce würzen. Mit Matjes, den Eiern und den Frühlingszwiebeln vermischen.

5 Zum Servieren jeweils eine Kartoffelrosette auf einen Teller setzen, das Häckerle mit einem Eisportionierer rund formen, in ein Salatblatt setzen und auf der Rosette anrichten.

TIPP

Das Häckerle schmeckt auch auf gebuttertem Grau- oder Vollkornbrot. Auf runden Pumpernickeltalern wird daraus ein hübscher Happen zu einem Glas Bier!

Getränk: Wie eigentlich immer zu Matjes passt auch hier am besten ein Pils. Wir lieben dazu einen prickelnden Apfelwein.

Matjesterrine mit Kartoffeln

Für sechs bis acht Personen:

1 kg mehlige Kartoffeln
100 g Crème fraîche
2 Eigelb
5 Blatt Gelatine
Salz, Pfeffer
Muskat
Dill
2–3 Stangen Lauch
(je nach Dicke)
6–10 Matjes-Doppelfilets
(je nach Größe)

Radieschen-Vinaigrette:
2 Bund Radieschen
1 EL scharfer Senf
Salz, Pfeffer
3 EL milder Apfelessig
4 EL Olivenöl
4–5 EL kalte Gemüsebrühe
Kräuter (z. B. Kerbel)

1 Die Kartoffeln in der Schale weich kochen, abgießen und ausdampfen lassen. Bis auf 3 bis 4 Stück, die man erst einmal beiseite legt, noch heiß pellen und durch die Presse drücken.

2 Crème fraîche und Eigelb miteinander verquirlen und unter die noch warme Kartoffelmasse ziehen, ebenso die inzwischen in kaltem Wasser eingeweichte und tropfnass in der Mikrowelle aufgelöste Gelatine.

3 Diese Kartoffelmasse sehr kräftig mit Salz, Pfeffer und Muskat abschmecken, sie sollte fast überwürzt wirken, denn sie verliert nach dem Abkühlen viel von dem ganzen Aroma – nicht nur durchs Abkühlen, sondern auch, weil die Gelatine eine Menge Gewürz schluckt. Die Masse abkühlen lassen, erst dann den gehackten Dill einarbeiten.

4 Die aufbewahrten Kartoffeln etwas abkühlen und abbinden lassen. Erst dann pellen und in zentimeterstarke Scheiben schneiden.

5 Inzwischen die Lauchstangen an einer Längsseite aufschlitzen, die einzelnen Blattschichten lösen, gründlich auswaschen und in Salzwasser 4 bis 5 Minuten kochen. Kalt abschrecken.

Mal was ganz anderes: Die Terrine sieht toll aus und ist eine wirklich eindrucksvolle Vorspeise in einem großen, festlichen Menü. Man kann sie natürlich auch als ganze Mahlzeit servieren, zum Beispiel als leichtes Abendessen.

6 Die Matjes schließlich sorgfältig von allen Gräten und Flossen säubern und mit Küchenpapier abwischen.

7 Eine Kastenform (ca. 1,5 Liter Inhalt) mit Klarsichtfolie auslegen, dann so mit den Lauchblättern auskleiden, dass diese um Terrinenbreite über den Terrinenrand hinausragen. Mit ihnen wird am Ende die Terrine zugedeckt.

8 Zuerst eine Schicht Kartoffelmasse in der Form verteilen und glatt streichen. Dann jeweils Kartoffelscheiben und Matjesstücke abwechselnd einschichten, dazwischen immer wieder Kartoffelmasse verteilen und immer wieder schön glätten. Mit einer Schicht Kartoffelmasse abschließen, die Lauchblätter darüber zusammenfalten. Sie sollten sehr akkurat nebeneinander liegen und die Oberfläche komplett zudecken.

9 Die Terrine mindestens zwei Stunden kalt stellen. Zum Servieren stürzen, mit einem scharfen Messer in fingerdicke Scheiben schneiden und auf Tellern anrichten.

10 Hübsch ist dazu eine Radieschen-Vinaigrette: Dafür die Radieschen in feine Streifchen hobeln, mit einer Marinade aus Senf, Salz, Pfeffer, Essig und Öl sowie fein gehackten Kräutern anmachen. Die Vinaigrette rund um die Terrinenscheibe auf den Teller klecksen.

TIPP

Zum Aufschneiden der Terrine ist ein Teigkärtchen hilfreich – damit kann man mit der einen Hand die Scheibe abstützen und festhalten, während man mit der anderen den Schnitt setzt. Die Scheibe lässt sich dann bequem auf das Teigkärtchen laden und zum Teller transportieren. Übrigens: ideal zum Schneiden derart fragiler Gebilde ist ein elektrisches Messer!

Als Getränk passt dazu ein kräftiger Weißwein, etwa ein Weißburgunder vom Kaiserstuhl oder aus der Pfalz.

August

Chinakohl gibt es in allen Größen und in unterschiedlichen Formen und Farben. Vielleicht nicht bei jedem Gemüsehändler – die meisten werden hauptsächlich den üblichen hellen anbieten, mal kleiner, mal größer, auch mal schlanker und mal fülliger. Aber im Asienladen kann man manchmal die verschiedenen asiatischen Varianten bekommen. Tatsächlich ist der Chinakohl, wie sein Name ja schon sagt, von weit her zu uns gekommen. Aber er ist längst bei uns heimisch geworden, übrigens nach dem Umweg über Amerika. Man liebt dort den milden, unaufdringlichen Verwandten aus der weit verzweigten Kohlfamilie sehr – mehr als die derberen, herzhaften Sorten aus Europa, die festere Köpfe bilden und intensiver, »kohliger« schmecken, wie Rotkohl, Weißkraut oder Wirsing. Chinakohl sieht höchst appetitlich aus: Die hellgrünen, gekräuselten Blätter mit den breiten, schneeweißen, flachen Rippen bilden meist lockere Köpfe. Es gibt sie in unterschiedlichen Größen, so dass man je nach Rezept zum richtigen Format greifen kann.

Chinakohl – das Gemüse, das aus der Fremde kam

Chinakohl, Pak Choy & Co

Pak Choy oder Soi, chinesischer Senfkohl, Pekingkohl... Züchterfleiß hat eine Vielzahl von Anverwandten dieses Zweigs der Kohlfamilie geschaffen. Gemeinsamer Nenner oder, um im Bild zu bleiben, Stammmütter sind die Brassicacaeen, wie die Familie der Senfpflanzen in botanischem Latein genannt wird, aus denen man zunächst den weißen Chinakohl entwickelte (*brassica pekinensis*), den grünen Senfkohl mit seinem besonders würzigen, senfscharfen Geschmack und den leuchtend gelben Blüten (*brassica juncea*) und schließlich den dunkelgrünen Pak (oder Bok) Choy (*brassica chinensis*), mit seinen weißen Stielen, den wir auch Japankohl nennen. Zudem gibt es eine Menge von Zwischenformen: manche Kohlarten, bei denen die Blätter ausgeprägter sind, und andere, deren Stiele wichtiger sind. In jedem Fall ist die gesamte Pflanze essbar, auch die Blüten, sofern welche ausgebildet sind, die obendrein eine hübsche Dekoration bilden.

Auf unseren Märkten ist der klassische Chinakohl, auch Selleriekohl oder englisch Napa cabbage genannt, am häufigsten zu finden. Seine hellen, an den Rändern nur ganz sanft hellgrün gefärbten Blätter mit flachen, breiten, schneeweißen Rippen bilden kompakte, feste Köpfe von mitunter stattlicher Größe und erheblichem Gewicht. In China liebt man ihn als Gemüse, vielfältig zuzubereiten, rasch im Wok gebraten oder langsam im Steintopf geschmort. In Korea legt man die Blätter mit gehacktem Ingwer, Knoblauch und Chili ein und lässt sie

milchsauer vergären, wie wir es von unserem Sauerkraut her kennen. Und schätzt sie im Winter als Vitamin-C-Spender. Als Nebenform gilt der Senfkohl: Die grünen, knackigen Stiele mit helleren, mehr mittelgrünen Blättern werden als Bündel zusammengeschnürt verkauft und sind besonders begehrt, wenn sie bereits zarte, saftige Stiele mit hübschen gelben Blüten entwickelt haben. So kann man sie mitunter in Asienshops finden, die regelmäßig mit frisch aus Asien eingeflogenem Gemüse versorgt werden.
Dort gibt es auch in der Regel die bildschönen, noch ganz kleinen Pak-Choy-Stauden mit den dunkelgrünen, löffelförmigen Blättern an den fleischigen, schneeweißen Stielen. Auch deutsche Gärtner bauen zunehmend Pak Choy an, der dann als Japankohl auf den Markt gelangt. Die Stauden sind meist größer als die aus Asien eingeflogenen, die Textur der Stiele nicht so zart.

Einkauf und Aufbewahren

Wie alle Kohlsorten ist Chinakohl erfreulich lagerfähig und durchaus nicht sehr empfindlich. In einem feuchten Tuch (oder in einem idealen Lagerkeller) und kühl gelagert, kann man die Stauden (wie Lauch, Möhren, Wirsing, Weißkohl oder andere Wintergemüse) viele Wochen aufbewahren. Vor Gebrauch werden die äußeren, welken Blätter entfernt, darunter kommt dann ein makelloser, knackiger Kohlkopf zum Vorschein. Indes: Die losen Bündel der Varianten, Senfkohl oder die kleinen Pak-Choy-Stauden, sind weniger pflegeleicht. Ihnen sollte man ein längeres Warten bis zum Verzehr ersparen!

Was drin steckt

Fast keine Kalorien (12 Kilokalorien auf 100 Gramm!)! Mineralstoffe sind in ordentlicher, nicht in übermäßiger Dosis vorhanden, dafür enthält Chinakohl jede Menge Faser- und Ballaststoffe. Für unsere Verdauung ist er also wunderbar. Mehr aber noch ist Chinakohl Material für hübsche Rezeptideen. Man kann ihn nicht nur kochen, dünsten, braten, wie andere Gemüse auch. Die bis zu zwölf Zentimeter breiten, mehrere zig Zentimeter langen Blätter sind fabelhaft als Hülle oder Mantel für die unterschiedlichsten Füllungen: aus zartem Geflügel- oder Kaninchenfleisch, eine mit vielen Kräutern gewürzte Brot- und Käsefüllung, eine Farce aus Kartoffeln mit Schinken – der Phantasie sind keine Grenzen gesetzt, denn der milde Chinakohl passt sich allem an, ordnet sich unter und geht gern neue Verbindungen ein. Und im Gegensatz zu den meisten anderen Kohlsorten kann man Chinakohl auch roh essen, zum Beispiel als knackigen Salat.

Chinakohlsalat mit Kümmel

Für vier Personen:

1 Chinakohlstaude (ca. 500 g)
2 Möhren
1 Lauchstange
1 EL Salz
1 TL Kümmel
6 Pfefferbeeren
3 Pimentkörner
1–2 getrocknete Chilischoten
3 EL Apfelessig
3 EL erstklassiges, kaltgepresstes Olivenöl

1. Den Chinakohl putzen, welke oder beschädigte Blätter entfernen, die übrigen gründlich unter fließendem Wasser waschen. Die Staude mit einem großen Messer quer in feine Streifen schneiden.

2. Die Möhren mit dem Sparschäler dünn schälen, auf dem Streifenschneider längs in streichholzfeine Julienne hobeln (man kann die Möhren auch längs auf der Aufschnittmaschine in dünne Scheiben schneiden, dann von Hand längs in schmale Streifchen schneiden.)

3. Den Lauch putzen, längs aufschlitzen und unter fließendem Wasser gründlich auswaschen, damit keine Sandkörner mehr darin zu finden sind. Die Stange quer in haarfeine Scheibchen schneiden.

4. Alle diese Gemüse in einer Schüssel mischen, mit dem Salz bestreuen und gründlich durchkneten, bis die Gemüsestreifen ein wenig weicher geworden sind. Rasch in einem Sieb unter kaltem Wasser abbrausen, dabei das Salz abspülen und gründlich abtropfen lassen.

5. Den Kümmel mit einem großen Messer fein hacken, dann mit Pfeffer, Chili und Piment im Mörser zerstoßen oder mit einem Fleischklopfer zerkleinern. Mit etwas Salz mischen und über das Gemüse streuen. Mit den Händen gründlich durchkneten, einige Minuten durchziehen lassen. Schließlich mit mildem Essig und gutem Olivenöl anmachen und nochmals abschmecken.

6. Der Salat passt herrlich zu kross gebratener Bratwurst, zu Lammkotelett oder einfach zu Bratkartoffeln.

Dafür wird die geputzte Staude quer in feine Streifen geschnitten – die Strunkstücke bitte feiner als die zarteren Blätter! Und dann werden die Streifen mit etwas Salz durchgeknetet, wie man das ja auch vom Weißkohl kennt. Das sorgt dafür, dass die feste Struktur aufgeschlossen wird und der Salat eine mürbere Konsistenz bekommt.

TIPP

Zur Abwechslung statt des uns vertrauten Kümmels mal den fremdartigen Kreuzkümmel mit seinem exotischen Duft verwenden. Man liebt ihn vor allem in der indischen Küche, wo er den Curries seinen typischen Geschmack verleiht. Kreuzkümmel (Cumin) sieht dem Kümmel (Carvi) nur auf den ersten Blick zum Verwechseln ähnlich. Wer genau hinsieht, stellt fest, dass er schlanker, dafür länger und erheblich heller ist. Und der Duft ist natürlich unverwechselbar!

Das Getränk richtet sich natürlich nach dem Hauptgericht – also etwa Bier oder ein einfacher, herzhafter Rot- oder Weißwein zu Bratwurst, ein kräftigerer Rotwein zu einem Braten oder ein wuchtiger Weißwein zu einem Putensteak. Wichtig ist nur, dass der Wein eine ausgeprägte Säure besitzt, sonst schmeckt er flau in Verbindung mit Salat.

Kalifornischer Chinakohlsalat

Für vier Personen:

1 Chinakohlstaude (ca. 400 g)
1 kleiner Eissalatkopf
1 Pomelo (dickfleischige Grapefruitart)
1 Staude Bleichsellerie
1 Kräuterstrauß: asiatische Kräuter wie Thai-Basilikum Koriandergrün, Europakoriander (das ist der langblättrige Koriander, den man im Asienladen kaufen kann) oder europäische Kräuter wie Petersilie, Schnittlauch, Estragon, Dill, Basilikum etc.

Marinade:
1/2 Becher Joghurt
2 EL Chilisauce
2 EL Zitronensaft
1 EL Teryaki- oder Sojasauce
1 TL Sesamöl

Marinierte Hähnchenbrust:
2 ausgelöste Hähnchenbrüste
1 TL Speisestärke
2 EL Öl
1 TL Sesamöl
je 1 TL fein gewürfelter Ingwer und Knoblauch
1–2 Chilischoten
Salz, Pfeffer
1 Prise Zucker
2 EL Sherry
1 EL Sojasauce
1 EL Zitronensaft

1 Den Chinakohl putzen, in feine Streifen schneiden. Ebenso den Eissalat in seine einzelnen Blätter aufteilen und diese fein schneiden. Die Pomelo schälen, das Fruchtfleisch aus seinen Kammern lösen und in Stücke teilen. Den Bleichsellerie wenn nötig fädeln, in feine Scheiben schneiden. Die Kräuter von den Stielen zupfen, nicht zerkleinern, lediglich den lanzenförmigen Europakoriander quer in feine Streifen schneiden. Alle Zutaten gründlich mischen.

Hier kommen Früchte ins Spiel, der Salat wird milder, süßlicher angemacht und bekommt einen Hauch von asiatischer Würze. Es ist eine ganze Mahlzeit oder auch eine Vorspeise in einem Menü – dann allerdings reicht die Menge für sechs Personen.

2 Für die Marinade die Zutaten miteinander glatt rühren und scharf-süß-säuerlich abschmecken. Den Salat damit anmachen und kurz durchziehen lassen, bis die Hähnchenbrüste fertig sind.

3 Die Hähnchenbrüste zunächst in 1 cm kleine Würfel schneiden, mit der Speisestärke überpudern und diese fest einmassieren.

4 Im Wok das Öl erhitzen, die Fleischwürfel zufügen und auf starkem Feuer rasch pfannenrühren, dabei Ingwer, Knoblauch und zerkrümelte Chilis zufügen, außerdem mit Salz, Pfeffer und Zucker würzen. Sherry und Sojasauce angießen, alles eine Minute unter Rühren braten. Mit Zitronensaft abschmecken.

5 Den Salat auf Tellern verteilen, die gebratenen Hähnchenbrustwürfel darauf verteilen. Sofort servieren. Wer mag, reicht dazu duftigen Reis.

Getränk: Ein kräftiger, trockener Weißwein, der aber ruhig eine füllige, dem hohen Alkoholgehalt zu verdankende Süße haben darf, wie es zum Beispiel häufig bei einem Chardonnay aus Kalifornien der Fall ist.

Gedünsteter Chinakohl mit Chorizo-Öl

Für vier Personen:

1 oder 2 Chinakohlstauden
Salz

Chorizo-Öl:
1 Chorizo-Wurst
(herzhafte Knoblauchwurst
mit Paprika – siehe Seite 202f),
3–4 Knoblauchzehen
2 Lorbeerblätter
je 1 Thymian- und Rosmarinzweig
2–5 rote getrocknete
Chilischoten
1/4 l Olivenöl

1. Den Chinakohl längs vierteln, dicke Stauden auch achteln; darauf achten, dass die Stauden am Wurzelende noch zusammenhalten. In Salzwasser einige Minuten kochen, bis die Strunkstücke angenehm weich sind. Herausheben, abtropfen und auf einer Platte anrichten. Mit dem Chorizo-Öl beträufeln, dabei die Wurstwürfelchen, Knoblauch- und Chilistücke dekorativ darauf verteilen.

2. Das Chorizo-Öl kann man schon auf Vorrat herstellen: Die Knoblauchwurst fein würfeln, mit zerdrücktem Knoblauch, Lorbeerblättern, Thymian und Rosmarin sowie den Chilis (nach Belieben entkernt, wenn man es nicht so scharf mag) in einen kleinen Topf füllen, das Olivenöl angießen und langsam erhitzen – nicht kochen! Knapp unterhalb des Siedepunkts 20 Minuten durchziehen lassen, bis das Öl stark danach duftet. Dann die Kräuter herausfischen, das Öl mit den Wurststücken abkühlen und in einem Schraubglas aufbewahren.

Eine herzhafte Beilage, zum Beispiel zum Brathuhn, zum gekochten Rindfleisch oder zum Schnitzel. Aber auch nur mit Pell- oder Bratkartoffeln ein komplettes eigenständiges Gericht:

TIPP

Ruhig mehr von diesem Öl zubereiten, es passt auch zu anderen gekochten Gemüsen und gibt ihnen einen herzhaften Geschmack. Und es ist die ideale Spaghettisauce: Einfach über frisch gekochte, nur kurz abgetropfte Spaghetti träufeln, zusammen mit Wurststückchen, Knoblauch und Chilis, rasch mischen und mit frisch geriebenem Parmesan bestreut genießen!

Getränk: In jedem Fall ein erfrischender, aber kräftiger Weißwein – zum Beispiel deutscher Weißburgunder oder Riesling Spätlese trocken.

Gefüllter Chinakohl mit Kapernsauce

Für vier Personen:

Hackfleischteig:
1 Brötchen
ca. 1/8 l Milch
1 Zwiebel
2–3 Knoblauchzehen
2 EL Butter
500 g gemischtes Hackfleisch
1 Bund Dill
1 EL Senf
1 EL Chilisauce
1 TL Paprikapulver
Salz, Pfeffer
1 EL getrockneter Majoran

Außerdem:
1 Chinakohlstaude (ca. 700 g)
Salz
2–3 EL Olivenöl
ca. 1/2 l Fleisch- oder Gemüsebrühe

Kapernsauce:
1 Zwiebel
1 Lauchstange
2 EL Butter
1/4 l Brühe
1 Becher Sahne
Salz, Pfeffer
eventuell 1 Sardelle (Anchovis)
2–3 EL Kapern
3–4 Cornichons
Muskat
Worcestershiresauce
Zitronensaft

1 Zunächst den Hackfleischteig ansetzen: Das Brötchen würfeln, mit heißer Milch übergießen und einweichen – dabei jedoch nur so viel Milch angießen, wie die Brotwürfel aufzusaugen imstande sind. Zwiebel und Knoblauch fein würfeln, in der Butter weich dünsten, aber nicht bräunen.

2 Das gemischte Hackfleisch mit dem eingeweichten Brötchen, gedünsteter Zwiebel und fein geschnittenem Dill mischen. Alles gründlich durchkneten, dabei mit Senf, Chilisauce, Paprika, Salz, Pfeffer und Majoran herzhaft abschmecken.

3 Die Kohlstaude kopfüber in kochendes Wasser tauchen, bis sich die Blätter nach außen biegen lassen. So viele Blätter wie möglich auseinanderklappen. Das Kohlherz herausschneiden, fein hacken und unter den Hackfleischteig mischen. Diesen zu einer Kugel formen und, anstatt des herausgeschnittenen Herzens, in die Staude setzen; mit den Kohlblättern umschließen, so dass der Kohl zum Schluss wieder seine ursprüngliche Form hat und intakt wirkt. Wenn es eine besonders längliche Staude ist, sollte sie ruhig auch diese längliche Form wieder annehmen.

Ein wunderbares Essen für Gäste – der gefüllte Kohlkopf schmort, einmal auf den Weg gebracht, seiner Vollendung entgegen und macht dann kaum mehr Mühe. Und: Es ist ein Essen, das garantiert jeder mag!

4 Die Staude mit Küchenzwirn in Form schnüren. Zunächst kopfüber in eine feuerfeste Form setzen, mit Öl beträufeln und im heißen Backofen eine Stunde backen, dabei immer wieder mit Brühe begießen und nach einer halben Stunde umdrehen.

5 Inzwischen die Sauce ansetzen: Zwiebeln sowie das Weiße vom Lauch sehr fein schneiden und in Butter weich dünsten. Brühe angießen. Die Sahne erst zufügen, wenn das Gemüse richtig weich ist. Mit dem Pürierstab glatt mixen. Sollte die Sauce zu dünn sein, ein Stück rohe Kartoffel hinzureiben und einige Minuten köcheln, bis sie bindet – auf diese Weise ersparen wir uns die Mehlschwitze: Die Sauce bleibt leichter und bekömmlicher.

6 Zum Schluss den Schmorsud des Kohls untermixen. Die Sauce mit Zitronensaft schön säuerlich abschmecken, statt mit Salz lieber mit einer gehackten Sardelle würzen.

7 Schließlich reichlich Kapern und klein gewürfelte Cornichons einrühren und noch einmal mit Worcestershiresauce und eventuell sogar Zitronensaft nachwürzen. Den gefüllten Chinakohl in Scheiben schneiden – einen runden Kohl kann man auch wie eine Torte in Stücke teilen. Auf einer Platte anrichten, mit einem Teil der Sauce überziehen, den Rest der Sauce in einer Sauciere getrennt dazu servieren.

TIPP

Statt des gemischten Hackfleisch kann man den Kohl auch mit einer Farce aus durchgedrehtem Lammfleisch füllen. Dann darf man auch ruhig noch großzügiger mit Knoblauch würzen. Und statt Majoran nimmt man lieber Thymian und Rosmarin. Die Sauce verträgt in diesem Fall erheblich mehr Anchovis!

Getränk: Bier passt, aber noch besser ein ebenso körperreicher wie von reifer Säure geprägter Weißwein: Riesling Spätlese trocken aus einer guten Rheingauer oder Pfälzer Lage, von der Nahe oder aus Rheinhessen.

Pak Choy mit Garnelen in Kokossauce

Für vier Personen:

250 g Garnelen (roh, geschält und einzeln eingefroren)
1 TL Stärke
je 1 TL gehackter Ingwer
Knoblauch
2–3 Chilischoten
2–3 EL geröstete gesalzene Erdnüsse
Salz, Pfeffer
Zucker
1/4 l Kokosmilch (Dose)
1 TL thailändische Currypaste (rot, gelb oder grün – ganz nach Geschmack und Vorrat)
1 Prise Zucker
4–8 kleine Pak-Choy-Stauden
2 EL thailändische Fischsauce
1–2 EL Zitronensaft

1 Die Garnelen zum Auftauen in eine Schüssel geben, mit kochendem Wasser überbrühen, kurz ziehen lassen, dann abgießen und in einem Sieb abtropfen und eiskalt gründlich abspülen. 10 Minuten ruhen lassen, dann sind sie wieder knackig und wie frisch.

2 Dann kommt wieder unser berühmter Trick, damit die Garnelen auch nach dem Braten zart und saftig bleiben: mit Stärke gut einreiben. Wenn die Garnelen mit Hitze in Kontakt kommen, verbindet sich das Eiweiß mit der Stärke und bildet einen feinen, schützenden und allen Saft bewahrenden Film.

3 Ingwer, Knoblauch, Chili in heißem Öl im Wok anrösten, die Erdnüsse grob gehackt zufügen, mit Salz, Zucker und Pfeffer würzen. Alles mit einer Schaumkelle herausheben und beiseite stellen.

4 Stattdessen die geputzten Pak-Choy-Herzen in den Wok geben und kurz, nur 2 bis 3 Minuten lang, unter Rühren anbraten. Dann mit Kokosmilch ablöschen.

So liebt man den hübschen Japankohl in Thailand. Besonders schön und gut ist es, wenn man dafür kleine Pak-Choy-Stauden nimmt, so genannte Herzen. Das Gericht ist kinderleicht und ganz schnell gemacht: Garnelen auftauen – natürlich, wie immer, rohe Garnelen nehmen, am besten schmecken Süßwassergarnelen aus Thailand aus dem Asienladen.

5 Einen kleinen Löffel thailändische Currypaste darin auflösen, alles wieder zurück in den Wok geben, aufkochen und mischen, mit Zucker, thailändischer Fischsauce und Zitronensaft würzen – fertig!

6 Dazu passt duftiger, lockerer Reis – am besten schmeckt Jasmin- oder Duftreis aus Thailand.

TIPP

Dies ist eine Art Grundrezept. Das Gleiche lässt sich auch mit Hähnchenwürfeln machen, mit Streifen vom Schweinefilet oder mit Würfeln vom Rindersteak. Sie können sogar mit den Gemüsen variieren – ganz nach Lust und Laune!

Getränk: Ein aromatischer und nicht zu schwerer Weißwein (also vorzugsweise Kabinett), der nicht unbedingt ganz trocken sein muss, sondern fruchtig-mild ausfallen kann – Müller-Thurgau, Muskateller, Traminer oder sogar ein Riesling von blumigem Charakter, wie er an der Nahe und an der Mittelmosel ausfällt, wo er nicht auf Schiefer wächst. Oder ein Sauvignon aus der Südsteiermark.

Lackierte Entenbrust auf Chinakohl

Für vier Personen:

Entenbrust:
2 männliche oder 4 weibliche Entenbrüste
2 EL Sojasauce
je 1 TL gehackter Ingwer und Knoblauch
1 TL Sesamöl

Chinakohl:
1 Chinakohlstaude (oder Pak Choy) von ca. 300 g
2 EL neutrales Öl
1 EL Sesamöl
je 1 TL gehackter Ingwer und Knoblauch
2 Frühlingszwiebeln
1 EL Sojasauce
2 EL Sherry
3–4 EL Austernsauce
Salz, Pfeffer
Zucker

1. Zuerst die Entenbrust: Sie wird mit einem scharfen Messer auf ihrer Hautseite mit sehr eng nebeneinander gesetzten Schnitten eingeritzt und dann im rechten Winkel dazu kreuzweise eingekerbt – wie man das auch beim Schweinebraten macht.

2. Sojasauce, Ingwer, Knoblauch und Sesamöl mischen, die Entenbrüste damit einreiben, in einen Gefrierbeutel füllen und alle Luft herausdrücken. Die Entenbrüste eine halbe Stunde, wenn nicht sogar über Nacht so beizen.

3. Schließlich mit der Hautseite nach unten in eine beschichtete Pfanne legen und auf mittlerem Feuer langsam braten, bis der größte Teil des Fetts herausgebraten ist. Erst dann umdrehen und auch auf der Fleischseite braten, bis sich dort eine schöne Kruste gebildet hat, dabei die Haut immer wieder mit Marinade einpinseln. Die Entenbrüste immer wieder umdrehen und erneut bepinseln, bis sie goldbraun und appetitlich wie lackiert glänzen und schön knusprig sind.

Duftet nach Asien, schmeckt aber gar nicht fremd! Und ist immer einer glanzvoller Gang in einem feinen Menüs für Gäste.

TIPP

Das lässt sich bequem in der Pfanne zubereiten, wenn man für zwei oder vier Personen kocht – man kann es aber auch im Backofen tun, wenn man für eine Party dieses Gericht für viele Gäste zubereiten will.

4 Für die Beilage den Chinakohl in Stücke schneiden und mit Ingwer, Knoblauch, Frühlingszwiebel im Wok im heißen Öl rasch eine Minute pfannenrühren, bis die Kohlstreifen zusammengefallen sind. Schließlich Sojasauce, Sherry und Austernsauce angießen und kurz aufkochen. Mit Salz, Pfeffer und Zucker würzen.

5 Zum Servieren die Entenbrust quer in dünne Scheibchen schneiden und auf einem Bett von Chinakohl anrichten.

Dazu passt als Getränk ein voller, kräftiger Weißwein, etwa eine Grauburgunder Spätlese trocken vom Kaiserstuhl, ein Elsässer Weißer oder ein Burgunder. Wer Rot bevorzugt, liegt mit einem Merlot aus dem Tessin, aus Friaul oder aus der Toskana nicht falsch, auch ein dichter Spätburgunder (Spät- oder Auslese aus dem Barrique, dem kleinen Eichenfass) aus Deutschland dürfte gut passen, und wer den ausgeprägten Charakter der Blaufränkisch-Rebe mag, der kann einen solchen aus Österreich oder Württemberg dazu servieren, wo die Rebsorte dann allerdings Lemberger heißt.

September

Trauben schmecken prima, sind eine vielseitige Zutat in der Küche und ein wahres Kochvergnügen. Außerdem liefern Trauben dem Körper eine Menge der Vitalstoffe, die er braucht: In Trauben steckt viel Sonnenkraft, deshalb tun sie dem Körper so gut – es ist sozusagen Wein in Pillenform, der belebt und stärkt.

Frisch und fruchtig – Kochen mit Wein und Trauben

Trauben sind wohlschmeckend und gesund!

Die berühmte Meraner Traubenkur ist nicht umsonst so bekömmlich, da isst man den ganzen Tag nichts anderes als Trauben, Trauben, Trauben. Traubenzucker ist besonders leicht verdaulich, er geht direkt ins Blut. Und mehr noch: Trauben wirken blutreinigend und herzstärkend, denn sie enthalten viel Calcium, Kalium, auch Phosphor, Eisen und Magnesium. Ob blaue oder weiße Trauben, ist an sich reine Geschmacksache. Die blauen haben mehr Tannin und wirken daher adstringierender als die weißen. Die Inhaltsstoffe sind ähnlich. Übrigens sind auch jede Menge Spurenelemente enthalten: Jod, Zink, Mangan, Kupfer und Selen – Letzteres ist für uns besonders wichtig, denn in Europa haben wir alle viel zu wenig Selen im Blut!

Weintrauben oder Tafeltrauben

Wer in der Stadt oder weitab von den Weinbaugebieten lebt, hat ohnedies keine Wahl: Er muss mit den Trauben vorlieb nehmen, die er auf dem Markt oder beim Gemüsehändler findet. Jene Trauben, aus denen Wein gekeltert wird, halten nicht lange, sie müssen vor Ort unmittelbar gekeltert, also zu Saft gepresst und anschließend zu Wein vergoren werden. Sie sind besonders intensiv im Geschmack, haben allerdings eine dicke, oft zähe Haut und reichlich Kerne. Diese sind es auch, die man den Tafeltrauben als Allererstes weggezüchtet hat – so sind sie einfacher zu essen. Auch ihre Haut ist dünner, ihr Fruchtfleisch praller, dicker und nicht so empfindlich, der Saft fester in die Zellstrukturen eingebaut.

Man unterscheidet die kleinbeerigen Sultanas, die zuckersüß sind, oft ganz ohne Kerne, aber auf die Dauer ein wenig fad und eben fast zu süß. Gut schmeckt die großbeerige Regina aus Italien, mit länglichen, saftigen Früchten, die kaum Kerne enthalten, deren Haut aber noch ein bisschen von der Adstringenz mitbringt, die eine zu große Süße angenehm mildert. Die meisten weißen Tafeltrauben sind Muskateller. Ihre Beeren sind ein wenig größer, ihre Haut nicht ganz so stabil. Sie sind mit ihrem ausgeprägten Parfum herrlich zum Kochen geeignet – wenn man dann auch noch mit einem Schuss Muskatellerwein das Aroma verstärkt, erzielt man köstliche Saucen.

Weinsuppe mit Trauben

Für vier Personen:

2–3 Schalotten oder weiße Zwiebeln (die milder sind als die Haushaltszwiebeln),
4 EL Butter,
1–2 Chilischoten (nach Gusto – scharf oder eher mild, rot und/oder grün)
1/2 l Weißwein
1/2 TL Kurkuma
500 g Weintrauben
2 Weißbrotscheiben
1 Knoblauchzehe
2 Petersilienstängel
2 Eigelb
Muskat
Salz, Pfeffer
abgeriebene Schale von 1/4 Zitrone

1 Die Schalotten oder Zwiebeln schälen und sehr fein würfeln. In zwei Löffeln Butter sanft weich dünsten, sie sollen richtig schmelzend weich werden, auf keinen Fall jedoch dabei bräunen – eventuell mit etwas Wasser besprenkeln, falls sie anzusetzen drohen.

2 Die feinst gewürfelten, entkernten Chilischoten mitdünsten, schließlich mit Wein ablöschen, Kurkuma einrühren und zugedeckt leise gut 10 Minuten köcheln.

3 Unterdessen die Trauben abzupfen, halbieren, entkernen und häuten – oder nach Belieben erst häuten, dann teilen und entkernen.

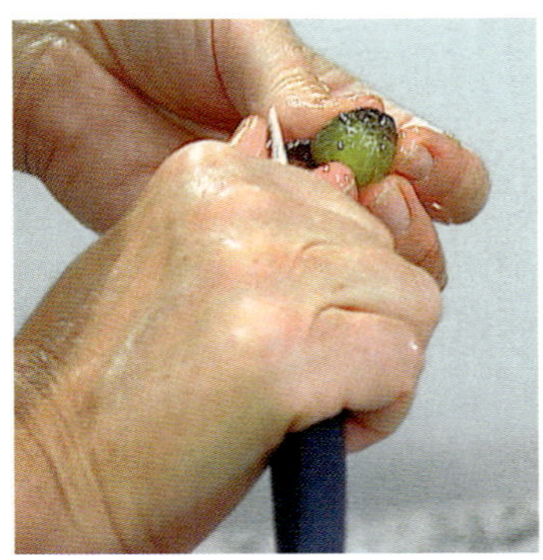

Eine erfrischende, leichte, sehr bekömmliche Suppe, die vor allem in den Herbst passt, wenn es noch schöne warme Tage gibt. Zum Kochen haben wir einen aromatischen Muskateller genommen, der mit seinem Duft der Suppe einen charakteristischen Geschmack verleiht. Übrigens: Die kleine Mühe, die Trauben zu schälen, auch zu halbieren und mit einer Messerspitze die Kerne herauszuschnipsen, sollte man sich unbedingt machen. Es schmeckt so einfach um Welten besser!

4 Die Weißbrotscheiben würfeln, in der restlichen Butter sanft bräunen, dabei die Knoblauchzehe durch die Presse hinzudrücken und die sehr fein gehackte Petersilie zufügen. Diese Croûtons nicht zu dunkel werden lassen.

5 Eine kleine Schöpfkelle Suppe abnehmen und mit den Eigelb verquirlen. In die Suppe rühren, die jetzt noch einmal unter Rühren erhitzt, aber auf keinen Fall mehr ins Kochen geraten soll, weil sonst das Eigelb gerinnt. In der Küchensprache nennt man eine solche Bindung: legieren.

6 Die Trauben in der Suppe erwärmen. Jetzt kräftig mit Muskat, Salz, Pfeffer und abgeriebener Zitronenschale würzen. Die Suppe in Tellern oder Suppentassen anrichten, dabei die Trauben gerecht verteilen, jeweils einen guten Esslöffel Croûtons darüberstreuen. Die Suppe jetzt natürlich keinen Augenblick mehr stehen lassen, damit die Croûtons knusprig bleiben, sondern unverzüglich servieren.

Getränk: Eigentlich gibt es zur Suppe nichts, aber ein Gläschen Muskateller, und zwar einen nicht ganz trockenen, wenn nicht sogar einen frischen, süßen Moscato d'Asti, wird niemand zurückweisen.

Kalbsmedaillons mit Weintrauben

Für vier Personen:

6–8 kleine Kalbsmedaillons
(je nach Größe: à ca. 30–40 g, – aus dem Filet oder aus der Oberschale geschnitten)
Salz, Pfeffer
Muskat oder Macis (Muskatblüte),
2 EL Mehl
2–3 EL Butterschmalz
250 g Weintrauben
(nach Belieben weiß oder rot oder auch gemischt!)
1 Glas Weißwein
150 g Crème fraîche

Nudelreis mit Zucchini:
100 g Nudelreis
Salz
1 kleine Zwiebel
1 Knoblauchzehe
2 EL Olivenöl
2 kleine Zucchini
Basilikum

1. Die Medaillons mit der breiten Schneide des Küchenbeils oder mit einem glatten Fleischklopfer flach klopfen. Bitte nicht das alte Modell mit den Zacken verwenden; damit werden die Fleischfasern zerrissen, das Fleisch wird zwar mürbe, aber trocken!

2. Die Fleischscheiben auf beiden Seiten mit Salz, Pfeffer und Muskat würzen, hauchzart

mit Mehl bestäuben und in heißem Butterschmalz rasch auf beiden Seiten anbraten. Wichtig: Das Fett muss sehr heiß sein, wenn die Medaillons eingelegt werden, und diese müssen sofort kräftig brutzeln. Nach bereits 30 Sekunden die Fleischscheiben wenden, sie müssten jetzt bereits appetitliche Bratspuren zeigen!

3. Die Medaillons zwischen zwei vorgewärmten Tellern warm stellen und nachziehen lassen, bis die Sauce fertig ist. Dafür das Fett aus der Pfanne wegkippen, mit einem Schuss Wein ablöschen und, sobald dieser eingekocht ist, erneut ablöschen.

4. Wenn man dies ein paarmal gemacht hat, entsteht ein dicklicher Fond, in den schließlich die Crème fraîche gerührt und bis zur

gewünschten Saucenkonsistenz eingekocht wird. Die cremigsanfte Sauce mit Salz und Pfeffer abschmecken und schließlich die halbierten (nach Wunsch und Gusto geschälten?!) Trauben mitziehen lassen.

Ein hübsches, schnelles Essen, das man für zwei rasch auf den Tisch bringen kann! In diesem Fall haben wir für die Sauce einen Weißburgunder verwendet, der mit seiner harmonischen Rundheit eine sanfte Sauce ergibt. Natürlich kann man dann denselben Wein auch zum Essen trinken!

5 Für den Nudelreis hat man hoffentlich längst Wasser aufgesetzt. Es handelt sich dabei übrigens um eine Pasta-Variante, die ursprünglich mal in Griechenland zu Hause war. Die man jedoch inzwischen auch bei uns kaufen kann: Aus Hartweizen ohne Ei hergestellt und in eine Form gepresst, so dass sie wie große Reiskörner aussehen. Dank des Hartweizens behalten sie einen wunderbaren Biss, und sie schmecken einfach wunderbar! Die Nudeln werden ganz einfach in reichlich Salzwasser bissfest gekocht.

6 In der Zwischenzeit die Zwiebel sehr fein würfeln und in heißem Öl andünsten. Den Knoblauch durch die Presse zufügen, schließlich die winzig klein gewürfelten Zucchini. Kurz braten, dabei salzen und pfeffern und schließlich den abgetropften Nudelreis untermischen. Großzügig Basilikum in feinen Streifen und zum Schluss frisch geriebenen Parmesan unterrühren.

7 Die Kalbsmedaillons mit ihrer Sauce auf Tellern hübsch anrichten, den Nudelreis daneben setzen. Dazu passt ein grüner Salat.

Getränk: Ein Weißburgunder aus Baden oder auch aus Franken.

Wachteln in Weinkraut

Für vier bis sechs Personen:

Sauerkraut:
750 g frisches, möglichst junges Sauerkraut
1 Zwiebel
1–2 Knoblauchzehen
2–3 EL Olivenöl oder Gänseschmalz
1/4 l Wein
ca. 1/4 l Wasser (genug zum Auffüllen)
1 Lorbeerblatt
4 Wacholderbeeren
6 Pimentkörner
1 TL weiße, grüne und rote Pfefferkörner
Thymian

Wachteln:
6 schöne Wachteln
1 Zitrone
Salz, Pfeffer
500 g Trauben (am schönsten: gemischt, blau und weiß)
glatte Petersilie

Kartoffelpüree:
1 kg mehlige Kartoffeln,
ca. 1/2 l Fleisch- oder Gemüsebrühe
Salz
70 g Butter

1 Zuerst das Kraut ansetzen. Es sollte möglichst frisches Sauerkraut sein, wie es jetzt gerade auf dem Markt zu haben ist, schneeweiß und knackig! Zwiebel und Knoblauch fein würfeln und in einem ausreichend großen, möglichst flachen Topf, in dem das Kraut viel Bodenkontakt haben kann, in Olivenöl oder im heißen Gänseschmalz andünsten. Das gewaschene, zerpflückte Kraut zufügen und gut damit mischen. Mit Wein und Wasser auffüllen, die Gewürze zufügen: Lorbeerblatt, Wacholder, Piment und außerdem die Pfefferbeeren. Das Wasser sollte das Kraut gerade eben bedecken – so ist das Kraut vor Kontakt mit Sauerstoff geschützt und kann nicht braun werden, sondern bleibt schön weiß! Eine halbe Stunde sanft köcheln.

2 In der Zwischenzeit werden die Wachteln vorbereitet: Innen und außen salzen, pfeffern, mit Zitronensaft aus- und einreiben.

3 Die Trauben von den Stielen zupfen, halbieren und entkernen. Den Bauch der Vögel mit einer Mischung aus Trauben und Petersilie füllen und mit Zahnstochern zustecken.

4 Die Wachteln in einer passenden Reine (Bratenform) im auf höchstmögliche Stufe vorgeheizten Ofen etwa 10 bis 15 Minuten scharf braten, dabei reichlich Thymian um die Vögel herumstreuen und mitbraten. Die Wachteln ein paarmal umdrehen. Dann den Ofen ausschalten, die Türe einen Spalt offen stehen lassen und die Wachteln in der nachlassenden Hitze noch weitere 20 Minuten ziehen lassen.

Eine Variation zu einem immer wieder beliebten Thema – man kennt die Kombination von Kraut und Geflügel mit Fasan oder Rebhuhn. Die kleinen Wachteln jedoch passen ebenso köstlich dazu, vor allem, wenn man sie auch mit Trauben füllt und ihnen so bereits von innen den richtigen Zusammenhang gibt. Zum Kochen und als Begleitung nehmen wir einen Riesling, etwa aus dem Rheingau oder von der Nahe. Übrigens: Wachteln gehören zwar in der freien Natur zu den geschützten Vögeln, weil sie kaum mehr vorkommen. Aber sie werden überall gezüchtet, und man kann sie völlig problemlos, bereits küchenfertig zugerichtet, also gerupft und ausgenommen, kaufen.

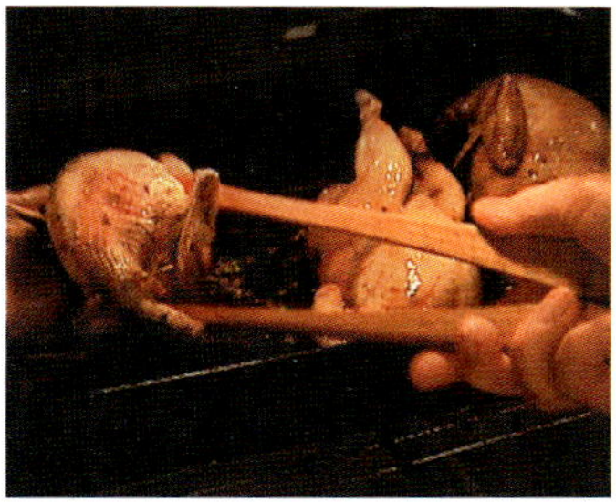

5 10 Minuten vor dem Servieren den größten Teil der Flüssigkeit vom Sauerkraut abgießen – aber nicht wegschütten, sondern später wieder an das möglicherweise übrig gebliebene Kraut geben. Die halbierten, entkernten Trauben unter das Kraut mischen.

6 Zum Servieren das Kraut auf einer Platte anrichten, die halbierten Wachteln obenauf betten und mit dem durchgesiebten Bratenjus beträufeln.

7 Dazu passt ein duftiges Kartoffelpüree: Es gelingt am schönsten mit mehligen Kartoffeln, die man allerdings unbedingt bereits vor dem Kochen schälen sollte – sie platzen sonst aus ihrer Schale und die lässt sich dann kaum mehr entfernen. Damit die Kartoffeln nicht verwässern, werden sie statt in Wasser lieber gedämpft oder in Gemüse- oder Fleischbrühe weich gekocht. Darauf achten, dass nicht zu viel Brühe die Kartoffeln bedeckt. Zur Sicherheit, damit das Püree später nicht zu flüssig wird, kann man vor dem Stampfen einen Teil der Brühe abgießen und aufbewahren. Die Kartoffeln mit einem Stampfer zerdrücken, dabei reichlich Butter unterrühren und abschmecken. Wenn nötig, mit einem Schuss der aufbewahrten Brühe auf die richtige Konsistenz bringen. Das Püree vor dem Servieren mit dem Schneebesen noch einmal luftig aufschlagen!

Getränk: Ein kräftiger Riesling QbA oder besser eine Spätlese trocken von der Nahe oder aus dem Rheingau.

Traubenstrudel

Für vier bis sechs Personen:

Strudelteig:
200 g Mehl
1/2 TL Salz
1 EL Öl
ca. 1/8 l warmes (nicht heißes!) Wasser

Füllung:
250 g Quark (Rahmstufe)
2 Eigelb
6 EL Zucker, abgeriebene Zitronenschale
1 kg Trauben (weiß und rot gemischt)
100 g Butter
4 EL Semmelbrösel
4 EL gemahlene Mandeln

1 Das Mehl mit Salz, Öl und so viel Wasser verrühren, bis ein glatter, weicher Teig entsteht. Mit bemehlten Händen gründlich und energisch durchkneten. Schließlich unter einer vorgewärmten Schüssel (mit heißem Wasser ausspülen, aber dann gut abtrocknen!) eine halbe Stunde lang ruhen lassen. Der Teig darf nicht kalt stehen, sonst wird er brüchig!

2 In der Zwischenzeit für die Füllung den Quark mit Eigelb, drei Esslöffeln Zucker und Zitronenschale glatt rühren.

3 Die Trauben abzupfen, halbieren und entkernen.

4 Jetzt auf einem Arbeitstisch oder auf der Arbeitsfläche Platz schaffen und ein großes Tuch darauf ausbreiten. Mit Mehl bestäuben, dann den Teig darauf zunächst mit dem Nudelholz auswellen, dann mit den Händen und mit etwas Geduld und Vorsicht behutsam ausziehen, bis das gesamte Tuch von einer durchscheinend dünnen Teigfläche bedeckt ist. Keine Angst, das klingt schwieriger als es ist. Wichtig ist, dass man mit Gefühl arbeitet und möglichst gleichmäßig in alle Richtungen zieht. Falls ein Loch reißt, einfach wieder zusammendrücken. Dicke Randstücke werden zum Schluss abgeschnitten.

5 Die gesamte Fläche mit flüssiger Butter einpinseln, mit Semmelbrösel, geriebenen Mandeln und mit dem restlichen Zucker bestreuen.

6 Die Quarkcreme jedoch nur auf knapp der halben Fläche verteilen und glatt streichen, die Trauben darauf schichten. Jetzt

Eine unwiderstehliche Sache, eine Mehlspeise, wie die Österreicher dazu sagen, die jede Sünde wert ist! Ein Strudelteig macht übrigens viel weniger Mühe als man gemeinhin glaubt. Er ist tatsächlich im Handumdrehen angerührt, muss jedoch vor dem Verarbeiten unbedingt eine halbe Stunde ruhen, damit der Kleber im Mehl genügend Zeit hat, sich zu entwickeln. Nur so wird der Teig elastisch genug und lässt sich gut ausziehen. Nach einigen Versuchen hat man bestimmt genügend Erfahrung entwickelt, wann der Teig die richtige Konsistenz hat: Er darf weder zu fest noch zu trocken sein.
Wichtig ist auch das richtige Mehl: Ein so genanntes »griffiges« Mehl sollte es sein. Es hat eine gröbere, also griffigere Struktur als das übliche »glatte«, unser Haushaltsmehl. Auch das macht den Teig elastischer. Man bekommt es von den großen Mühlen manchmal auch unter dem Namen »Wiener Grießler« oder als Spätzlemehl.

den Strudel aufrollen. Und zwar geht das von ganz allein, indem man das Tuch an der Seite, die mit Füllung bedeckt ist, mit beiden Händen anhebt, dann rollt sich die gefüllte Seite ein und wird zum Schluss von der leeren Teigfläche umwickelt.

7 Mithilfe des Tuchs auf ein mit Backpapier ausgelegtes Blech befördern. Keine Angst, der Strudel ist viel stabiler als man glaubt. Man kann ihn ruhig auch mit den Händen auf dem Blech zurechtrücken.

8 Den Strudel dick mit zerlassener Butter einpinseln. Bei 220 Grad eine halbe Stunde backen, bis der Strudel goldbraun geworden ist.

Dazu schmeckt besonders köstlich eine *Weinschaumsauce:*
4 Eigelb mit 3 Esslöffeln Zucker dick und schaumig schlagen. In einem Topf 1/2 Liter Weißwein aufkochen, kochend heiß unter stetem Schlagen zu der Eigelbmasse geben. Alles zurück in den Topf gießen und unter weiterem Schlagen erhitzen, aber nicht kochen lassen, damit die Eigelb nicht gerinnen. Den Weinschaum unter gelegentlichem Rühren etwas abkühlen lassen. Mit Zimt und einer Prise Nelken würzen. Die Sauce kann man direkt aus dem Topf, noch lauwarm, aber auch abgekühlt servieren.

Getränketipp: Am besten schmeckt die Sauce, wenn man einen würzigen, vollen, nicht vollkommen trockenen Gewürztraminer dazu verwendet, zum Beispiel eine Vendange Tardive aus dem Elsass. Das entspricht einer Auslese, fast Beerenauslese bei uns. Und diesen Wein wird man dann natürlich mit großem Genuss dazu trinken.

Oktober

Unglaublich, wie viele verschiedene Sorten von Kürbissen es gibt. Eine riesengroße Familie, zu der übrigens auch die Zucchini gehören – im Italienischen wird das schon beim Wort deutlich: Zucca ist der Kürbis; Zucchini sind also nichts anderes als kleine Kürbisse. Wir haben für unsere Sendung zusammengetragen, was wir kriegen konnten. Aber vielleicht finden Sie auf dem Markt noch ganz andere Exemplare – Kürbis ist ja wieder in Mode gekommen. Zuerst haben sie die Designer und Stylisten neu entdeckt und als Dekoration verwendet. Und weil die Gärtner immer schönere, dickere, größere und interessantere Kürbisse anbauten, kamen allmählich auch die Köche wieder darauf, dass es ein vielseitiges Gemüse ist, mit dem sich eine Menge machen lässt!

Kürbis – da steckt eine Menge drin!

Ein unglaublich variantenreiches Gemüse

Überall auf den Märkten leuchten sie einem entgegen, gewaltige, dicke, bis zu einem Zentner schwere Ungetüme, aber auch entzückend kleine Exemplare, nicht größer als eine geballte Männerfaust. Es gibt sie in prächtigem Farbenspiel – von kraftvollem Orange über müdes Braun, von falbem Oliv bis zu strotzendem Grün, gelb gefleckt, grün gestreift – je nach Sorte. Sie sind alle essbar, selbst die eher wie Zierkürbisse wirkenden Turbankürbisse. Die dekorativen Mini-Zierkürbisse allerdings sollte man tatsächlich eher als Dekoration auf dem Tisch verteilen, unter der steinharten Schale steckt kaum genießbares Fleisch.

Zuerst ist Kraft erforderlich!

Sich dem Kürbis kulinarisch zu nähern, beginnt mit einem Kraftakt: Es muss erst einmal eine überaus stabile Schale durchdrungen werden, bis man an das Fruchtfleisch gelangt! Nicht umsonst spricht man martialisch von Kürbis »schlachten«! Oft ist auch das rohe Fruchtfleisch ganz schön schwer und nur mit einem guten Messer zu durchdringen. Die wattigen Fasern im Zentrum des Kü-rbis, die die Kerne halten, lassen sich mit einem Löffel leicht herausschaben – sie sind ungenießbar. Die Kerne jedoch schmecken gut, wenn man sie in einer trockenen Pfanne röstet. Und aus dem ausgehöhlten Kürbis wird eine stimmungsvolle Laterne, wenn man Löcher, Monde, Sterne oder eine Fratze in die Schale schnitzt und eine Kerze darin brennen lässt. Seit man auch bei uns in Europa die Sitte des *Halloween*, des amerikanischen Kürbisfests entdeckt hat, sieht man sie überall auf den Balkons, Terrassen und Fenstersimsen sitzen, die Kürbisfratzen, wo sie die bösen Herbstgeister vertreiben sollen. Auch eine hübsche Idee: den ausgehöhlten Kürbis als Schüssel verwenden und die Suppe oder das Gemüse darin zu Tisch bringen...

Die verschiedenen Kürbissorten

Am gebräuchlichsten bei uns war bisher immer der matt orangefarbene Gärtnerkürbis, der zu enormer Größe auswachsen konnte (Marke Gärtnerstolz), der im Geschmack allerdings eher langweilig ist. Vielleicht ist das auch der Grund, warum der Kürbis in unserer Küche so lange keinen sehr guten Ruf mehr hatte. Ein anderer Grund dafür: Kürbis schmeckt nur in Verbindung mit anderen Zutaten gut, vor allem braucht er Fett, Säure und vielerlei aromatische Gewürze, die es in Kriegs- und Notzeiten natürlich nicht gab. Das änderte sich jedoch wieder, und als die Gärtner auch noch Samen von leckeren exotischen und amerikanischen Kürbissorten auszusäen begannen und auf einmal die unterschiedlichsten Kürbisse ihren Weg auf unsere Märkte fanden, gab es kein Halten mehr.

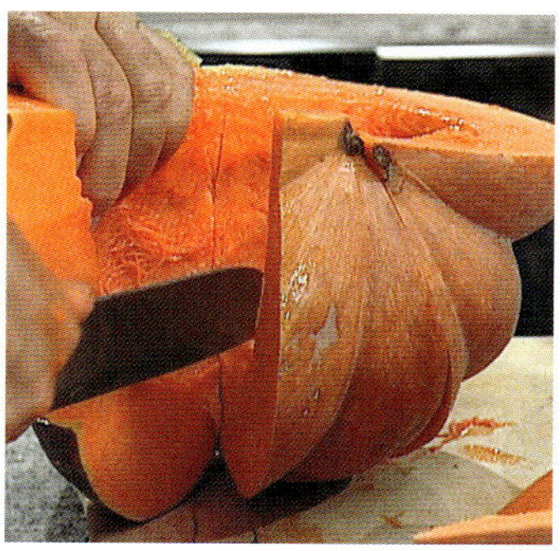

Zuerst waren es die kleinen kunterbunten Zierkürbisse in Gelb, Grün und Orange, gerippt, genoppt, mit langen Hälsen, wilden Zacken und verblüffendem Aussehen, die unsere Herzen eroberten. Und als sich der leuchtend orange Turbankürbis darunter mischte mit seinen frechen, grünen Streifen und dem auffällig geschlungenen Turban auf der Blütenseite, da glaubte man zunächst, dass es sich auch hier lediglich um eine Ziervariante handelte. Dabei steckt in ihm würziges, festes, sehr angenehmes Fruchtfleisch von appetitlicher, leuchtend oranger Farbe. Den Muskatkürbis mit seinen dicken, dekorativen, matt bräunlichen Rippen hatte man so lange aus Frankreich für teures Geld nach Deutschland importiert, bis die hiesigen Gärtner feststellten, dass er ebenso gut bei uns gedeiht und dass die Kundschaft bereit ist, das feste Fruchtfleisch von leuchtendem Orange entsprechend zu bezahlen. Es schmeckt nicht nur besonders würzig, es bleibt beim Einkochen schön fest, lässt sich aber für Suppen und Saucen absolut glatt pürieren.

Genauso gut schmeckt die nach der venezianischen Hafenstadt Chioggia genannte italienische Variante. Ein besonders dichtes, sämiges Püree liefert die längli-

che Varietät Violine aus der Lombardei, bei uns häufig auch unter der amerikanischen Bezeichnung Butternut auf dem Markt.
Und noch feiner, seidiger wird der dünnschalige Hokaidokürbis aus Japan. Er gilt heute als edelste Sorte und ist deshalb noch teurer als der Muskatkürbis, zumal er nicht so groß wird und man ihn auch für den normalen Haushaltsbedarf als ganze Frucht kaufen kann und nicht nur mit einem Stück vorlieb nehmen muss. Er schmeckt tatsächlich besonders gut, vor allem die seidenglatte Konsistenz nach dem Mixen ist beeindruckend. Man könne die Schale mitessen, wird immer wieder gesagt. Das ist, mit Verlaub, Quatsch! Aber die Schale ist sehr dünn, sie lässt sich mit einem Gurkenschälmesser mühelos und hauchdünn abschneiden.

Die ovalen, gelblich grünen Spaghettikürbisse, ebenfalls mit einer dünnen Schale, heißen deshalb so, weil sich ihr helles Fruchtfleisch nach dem Kochen mit einer Gabel auflockern lässt und dann in unzählige spaghettifeine Fäden auflöst. Das sieht witzig aus auf dem Teller und schmeckt, zusammen mit einer würzigen Sauce, wunderbar.
Wie Ufos erscheinen dagegen die gelben oder blassgrünen Bischofsmützen, auch Jerusalem-Artischocke genannt. Mit Artischocken hat diese Kürbisart nun gewiss nichts zu tun: Sind sie jung und klein, ähnelt ihr Fruchtfleisch mehr dem zarter, knackiger Zucchini, sind sie ausgewachsen, gart es fast so fest wie das von Kürbissen, doch ist es etwas weniger mehlig.
Die dick gerippten, grünen Kürbisse aus Italien werden leider nicht immer so weich, wie man es sich wünscht – sie bleiben mitunter etwas glasig-schleimig, auch wenn man sie lange kocht. Das kann einem auch bei den gelb gesprenkelten Ölkürbissen aus der Steiermark passieren, aus

deren Kernen man das berühmte, kostbare Kürbiskernöl presst. Ihre Kerne haben übrigens keine Schale, weshalb man sie vor der weiteren Verwendung trocknen muss.

Was ist das eigentlich – Kürbiskernöl

Beim ersten Mal erschrickt man fast: Schwarz fließt es aus der Flasche, legt sich dick über alles auf dem Teller und hinterlässt dunkelgrüne Spuren. Die steirische Spezialität hat in den letzten Jahren einen erstaunlichen Erfolgsweg genommen. Das dunkle, frisch gepresst mehr grüne, nach einiger Zeit mehr braune, nach Nüssen duftende Öl ist ein besonderer Genuss, wenn es frisch aus einer kleinen Ölmühle stammt, wo die Kerne das ganze Jahr über verarbeitet werden. Die blassen Industrieprodukte, die längst nicht so dicht, meist bräunlich und weniger aromatisch sind, werden häufig nicht aus steirischen, sondern geschälten Kürbiskernen hergestellt, die, aus China importiert, nur ein Drittel kosten. Kürbiskernöl war früher eine kostbare Rarität. Erst seit man es zu Beginn der fünfziger Jahre geschafft hatte, den Kürbiskernen ihre harte, ledrige Schale wegzuzüchten – die man bis dahin mühselig von Hand entfernen musste! –, wurde die Produktion einfacher. Man hatte sich diese Mühe im Übrigen nicht wegen des Wohlgeschmacks allein gemacht, sondern weil man die wohltuende Wirkung des aromatischen Öls spürte. Inzwischen ist wissenschaftlich bestätigt, dass Kürbiskernöl mit seinen fast 80 % ungesättigten Fettsäuren (davon 50 bis 60 % sogar mehrfach ungesättigt) zu den gesündesten Pflanzenfetten überhaupt gehört. Es ist obendrein nicht nur völlig cholesterinfrei, sondern wirkt sogar cholesterinsenkend, und die Kerne sind geradezu ein Heilmittel gegen alle Beschwerden rund um Blase und Prostata. Man sollte es ausschließlich als Salatöl verwenden, zum Kochen ist es seines niedrigen Rauchpunkts wegen absolut ungeeignet. Dafür passt es ideal zu Gemüse, vor allem zu weißen oder grünen Bohnen, Kartoffeln, Kraut, Rettich, Gurken, zu festen Salatblättern, wunderbar auch zu Fleisch- und Wurstsalaten.

Steirische Kürbiscremesuppe

Für vier bis sechs Personen:

800 g Kürbisfleisch (ohne Schale und Kerne gewogen)
1 Zwiebel
2 Knoblauchzehen
2 EL Butter
1/2 l Brühe
1/2 TL Kümmel
1 TL getrockneter Majoran
Salz, Pfeffer
200 g Sauerrahm
1 Bund Schnittlauch
Kürbiskernöl

1 Das Kürbisfleisch würfeln. Zunächst in einem großen Topf fein gehackte Zwiebel und durchgepressten Knoblauch in der heißen Butter andünsten. Die Kürbiswürfel zufügen und mitdünsten.

2 Mit Brühe auffüllen, Kümmel, Majoran, Salz und Pfeffer zufügen. Zugedeckt eine halbe Stunde weich köcheln. Den Rahm angießen und aufkochen. Schließlich alles mit dem Mixstab pürieren, weitere zwei Minuten leise köcheln und noch einmal abschmecken.

3 Vor dem Servieren noch einmal aufmixen, damit die Suppe schön luftig wird. Feine Ringe von Frühlingszwiebelgrün auf die Oberfläche streuen, mit Kürbiskernöl beträufeln und dabei eine dekorative Schleife ziehen.

Getränk: Leichter, trockener Sherry (Dry Fino oder Manzanilla) oder ein steirischer Morillon (Chardonnay) oder Weißburgunder.

Asienduftende Kürbiscremesuppe

Für vier bis sechs Personen:

800 g Kürbisfleisch (ohne Schale und Kerne gewogen)
1 Zwiebel
2 Knoblauchzehen
1 walnussgroßes Stück frische Ingwerwurzel
2 EL neutrales Öl
1 EL Sesamöl
2–3 Chilischoten (frisch oder getrocknet)
1 Zitronengrasstängel
2–3 Zitronenblätter (Kaffirzitrone)
2 EL Reiswein
1 EL Sojasauce
3/4 l Brühe
Salz, Pfeffer
Zucker

Als Garnitur:
Koriandergrün, Zitronenblatt in haarfeinen Streifen, Chili, winzig gewürfelt, Zitronengras in hauchfeine Streifen geschnitten

Getränk: Ein nicht staubtrockener Muskateller oder Traminer.

1 Das Kürbisfleisch würfeln. Mit der fein gehackten Zwiebel, dem gewürfelten Knoblauch und dem zerkleinerten Ingwer im Öl andünsten – beide Sorten dafür mischen. Die Gewürze zufügen. Dafür die Chilischoten mit der Schneide eines breiten Messers zerquetschen, das Zitronengras längs halbieren, ansonsten am Stück lassen, die Zitronenblätter ganz lassen – von jedem jedoch jeweils einen Esslöffel haarfein geschnitten für die Garnitur beiseite legen. Sojasauce, Reiswein und schließlich die Brühe angießen. Salzen, pfeffern und mit einer Prise Zucker würzen.

2 Zugedeckt köcheln, bis der Kürbis zerfällt. Die Suppe dann mit dem Mixstab pürieren – zuvor jedoch die Gewürze herausfischen. Oder einfach durch ein Sieb streichen. Wer Schärfe liebt und verträgt, kann die Chilis mitmixen...

3 Die Suppe abschmecken, in tiefen Tellern anrichten. Die zurückbehaltenen Gewürze, Zitronengras, Zitronenblatt und fein geschnittenes Koriandergrün, dekorativ auf der Oberfläche verteilen.

Italienische Kürbiscremesuppe

Für vier bis sechs Personen:

800 g Kürbisfleisch
1 Zwiebel
3 Knoblauchzehen
2–3 EL Olivenöl
Salz, Pfeffer
3/4 l Brühe
3 Basilikumzweige
je 1 Rosmarin- und Thymianzweig
Balsamicoessig

Als Garnitur:
4 Scheiben Baguette
3 EL Olivenöl
2 Knoblauchzehen
Salbeiblätter
frischer Parmesan

1 Das Kürbisfleisch würfeln, mit der gehackten Zwiebel und klein gewürfeltem Knoblauch im heißen Olivenöl andünsten. Salzen und pfeffern, mit Brühe bedecken. Die Kräuterzweige zufügen – vom Basilikum allerdings zuvor die Blätter abzupfen und beiseite legen. Einen Schuss Balsamicoessig zufügen.

2 Die Suppe eine halbe Stunde köcheln, bis der Kürbis nicht nur weich ist, sondern sich fast völlig aufgelöst hat. Die Kräuterstiele herausfischen, die Suppe glatt mixen und noch einmal abschmecken.

3 Zum Servieren Knoblauch-croûtons rösten: Dafür die Baguettescheiben zentimeterklein würfeln und im heißen Öl langsam goldbraun werden lassen. Erst zum Schluss den Knoblauch durch die Presse hinzufügen – weil er sonst verbrennt und bitter schmeckt – und die grob geschnittenen Salbeiblätter.

4 Den Parmesan in kleine Bröckchen krümeln und zusammen mit den Croûtons über die Suppe streuen. Man kann ihn jedoch auch mit dem Käsehobel in hauchfeine Scheibchen hobeln und auf der Oberfläche verteilen. Zum Schluss dekorative Kleckse von Balsamico und frischem Olivenöl auf der Oberfläche verteilen.

TIPP

Knoblauch-Croûtons lassen sich übrigens ganz bequem auf Vorrat produzieren. Auf Küchenkrepp schön trocken tupfen und in eine luftdicht verschließbare Dose füllen. So bleiben sie ein paar Tage frisch und sind zur Hand, wenn man mal eben rasch eine Suppeneinlage braucht. Gut schmecken sie auch über einem bunten Blattsalat. Nach Belieben (aber nur, wenn er ohnehin heiß ist – ihn extra dafür anzuschalten, würde sich nicht lohnen!) im Ofen noch einmal erhitzen.

Getränk: Ein Gläschen des leider selten gewordenen, alten und durch die lange Reifezeit im Fass trocken gewordenen Vin Santo – ersatzweise ein trockener Sherry Amontillado.

Kürbisravioli mit Salbeibutter

Für vier bis sechs Personen:

Nudelteig:
ca. 250 g Mehl
3 Eier
Salz
1–2 EL Öl

Füllung:
600 g Kürbisfleisch
1 TL Majoran
Salz, Pfeffer
Muskat
1 Ei
1–2 TL weißer Balsamico

1 Den Teig unbedingt eine Stunde vorher ansetzen, er braucht eine Weile, bis der Kleber sich ausgebildet hat, der den Teig elastisch machen soll. Mehl auf die Arbeitsfläche häufen, eine Vertiefung in die Mitte drücken, dort hinein die Eier gleiten lassen, Salz und Öl zufügen. Zuerst mit einer Gabel die Eier verquirlen,

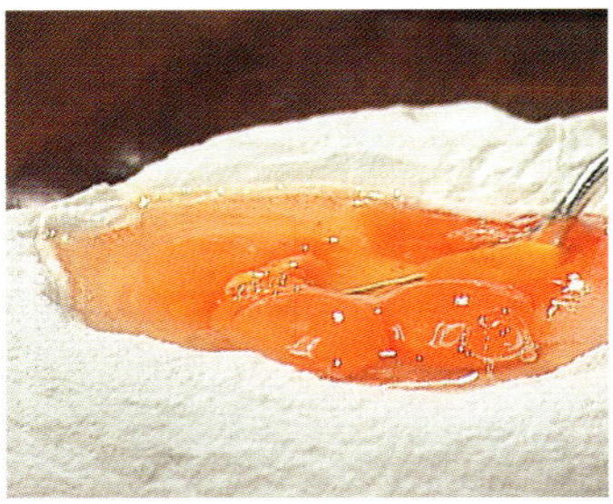

dabei vom Mehlrand so viel einarbeiten, wie die Eier aufnehmen. Sobald sich ein Teig gebildet hat, ihn mit den Händen durcharbeiten. Er sollte geschmeidig und nicht zu fest sein. Zu einer Kugel formen und schließlich in eine Plastiktüte gehüllt eine halbe Stunde ruhen lassen – bei Zimmertemperatur, nicht im Kühlschrank!

2 Unterdessen das Kürbisfleisch (ohne Schale und Kerne gewogen) in ein für die Mikrowelle geeignetes Geschirr geben, salzen, pfeffern, alle übrigen Gewürze zufügen. Zugedeckt 10 Minuten weich dünsten. Wer keine Mikrowelle hat, wickelt die Kürbisstücke mit den Gewürzen in ein großes Stück Alufolie oder Bratfolie und legt es für knapp eine Stunde in den 200 Grad heißen Backofen. Man könnte natürlich auch den Kürbis in Wasser kochen, allerdings wird er dann zu wässrig; man schüttet außerdem allen Geschmack mit dem Kochwasser weg. Die Mikrowelle ist hier tatsächlich das ideale Gerät, womit wieder mal der Beweis geführt ist, dass jede Verteufelung neuer Technik einfach dumm ist: Richtig eingesetzt, kann sie enorm hilfreich sein!

3 Das nach dem Garen in der Mikrowelle in der Schüssel entstandene Wasser abgießen, es sind nur ein, zwei Esslöffel. Das Kürbisfleisch mit einer Gabel glatt rühren – so weich ist es geworden! – dabei das Eigelb einarbeiten. Die Füllung abschmecken, mit einem Schuss weißem Balsamico würzen.

4 Den Nudelteig portionsweise hauchdünn ausrollen – hierbei kann man sich von der Technik helfen lassen: Die Nudelmaschine erledigt diese schweißtreibende Arbeit im Handumdrehen.

Eine unwiderstehliche Sache, eine Spezialität aus der norditalienischen Region Emilia-Romagna. Man sollte den Nudelteig unbedingt selber machen, denn nur dann hat man es in der Hand, die Teighülle so durchscheinend dünn auszuwalzen, wie sie sein soll…

5 Die hauchdünnen Teigbänder mit Eiweiß einpinseln. Mit einem Löffel kleine Häufchen der Füllung in regelmäßigen Abständen nebeneinander setzen. Mit einer zweiten Teigplatte abdecken, rund um die Füllung gut fest drücken. Mit einem Teigrädchen Ravioli ausradeln; dessen gezackte Ränder sind nicht nur für die Optik erwünscht, sie helfen vielmehr, die beiden Teigschichten miteinander zu verzahnen und so fest zu verschließen. Ganz wichtig: Den Teig rund um die Füllung behutsam andrücken, es muss sämtliche Luft aus den Ravioli herausgedrückt werden, sonst dringt beim Kochen Wasser ein und die Ravioli lösen sich auf!

6 Die Ravioli in reichlich kochendem Salzwasser zwei Minuten ziehen lassen – wenn sie oben schwimmen, sind sie gar.

7 Mit einer Schaumkelle herausheben und in vorgewärmten Tellern anrichten. Mit Salbeibutter beträufeln und nach Gusto mit frisch geriebenem Parmesan bestreuen. Heiß servieren!

8 Für die Salbeibutter 100 Gramm Butter in einer Pfanne erhitzen, bis sie duftet. Das heißt, sie darf eben zarte Bräune entwickeln, aber auf gar keinen Fall richtig dunkel werden! In Streifen geschnittene Salbeiblätter darin ein, zwei Minuten rösten, bis sie knusprig sind.

Getränk: Hierzu gehört fast zwingend ein nicht ganz trockener, leise prickelnder Lambrusco. Leider ist dieser Wein durch billige Verschnitte in Zwei-Liter-Flaschen bei uns in Verruf gekommen (in diesem Fall allerdings zu Recht), doch gibt es auch ordentliche Qualitäten! Es lohnt sich sehr, sich gerade zu diesem etwas süßlichen Gericht eine gute Flasche bei einem vertrauenswürdigen Händler zu besorgen.

Kürbisgemüse mit Kalbsleberschnitten

Für vier Personen:

600 g Kürbisfleisch
2 EL neutrales Öl
1 Zwiebel
1 TL gehackter Knoblauch
1–2 rote Chilischoten
Salz, Pfeffer
Zucker
2 EL Apfelessig
Dill

Kalbsleberschnitten:
4 schöne, mindestens 2 cm dicke Scheiben Kalbsleber
Mehl zum Wenden
Pfeffer
3 EL Öl
1 TL Sesamöl
2 getrocknete Chilischoten
4 am Vortag gekochte Kartoffeln

1 Das Kürbisfleisch auf der groben Reibe raspeln. Im heißen Öl rasch unter Rühren etwa fünf Minuten anbraten.

2 Die fein gewürfelte Zwiebel und den Knoblauch zufügen, die Chilis mit oder ohne Kerne (darin steckt die meiste Schärfe) fein geschnitten unterrühren, sofort salzen und pfeffern und mit Zucker würzen. Schließlich den Essig angießen. Zugedeckt fünf Minuten durchziehen lassen. Zum Schluss den fein geschnittenen Dill unterrühren.

Viel zu selten verarbeitet man Kürbis auch zu einer Gemüsebeilage. Dabei geht es schnell, macht wirklich keine Mühe, es ist mal etwas anderes und es schmeckt herrlich. Übrigens kann man Kürbisgemüse auch wunderbar einfrieren, als Vorrat für die kürbislose Zeit.

3 Die Kalbsleberschnitten von Häuten und Sehnen säubern, dann in Mehl wenden, alles überschüssige Mehl abschütteln. In reichlich Öl schwimmend, das mit Sesamöl und Chilis gewürzt ist, auf beiden Seiten nicht länger als jeweils eine Minute kräftig braten. Herausheben und zum Nachziehen auf einen vorgewärmten Teller legen und mit einem zweiten Teller zudecken. So kann die Hitze langsam durchdringen, die Leber ist dann innen rosa, zart und saftig, aber nicht mehr blutig.

4 Im verbliebenen Bratfett die in Scheiben geschnittenen Kartoffeln langsam goldbraun rösten.

5 Die Leberschnitten auf Tellern anrichten, mit Kürbisgemüse und den goldenen Kartoffelscheiben sofort servieren.

TIPP

Sehr wichtig ist für das Kürbisgemüse, dass die Streifen noch Biss haben. Sie behalten ihre Konsistenz besser, wenn man das Gemüse sehr bald nach dem Andünsten mit Essig besprenkelt. Essig hebt also nicht nur den Geschmack, sondern stoppt den Garprozess und nützt der Textur.

Getränk: Ein nicht zu schwerer, fruchtbetonter Rotwein – etwa Zweigelt aus Österreich, Dolcetto aus dem Piemont, Beaujolais Villages aus dem südlichen Burgund oder Gamay aus der Schweiz.

Spaghettikürbis mit Tomatensugo

Für zwei Personen:

1 mittelgroßer Spaghettikürbis
Salz
2 EL Butter
Parmesan

Tomatensugo:
1 Zwiebel
2 Knoblauchzehen
2 EL Olivenöl
800 g Tomaten
2 Basilikumzweige
Salz, Pfeffer

1 Den Spaghettikürbis lediglich waschen, wenn nötig abbürsten, wenn noch Erde an ihm haftet. Ansonsten unversehrt lassen und in einen Topf betten, der ihn gut aufnehmen kann. Den Topf zur Hälfte mit Wasser füllen, salzen und zum Kochen bringen. Jetzt den Deckel auflegen, den Kürbis 20 bis 30 Minuten kochen, bis er sich leicht mit einer Spicknadel durchstechen lässt.

2 Kürbis herausheben, ein wenig abkühlen lassen, quer halbieren. Mit einem Löffel die Kerne vorsichtig herausschaben, das Fleisch erst danach mit einer Gabel auflockern und herausholen.

Ein extrem leichtes, kalorienarmes Essen, denn der Kürbis selbst enthält ja kein Fett. Den Spaghettikürbis im Ganzen kochen, bis er sich mit einer langen Nadel leicht durchstechen lässt. Wie lange das dauert, hängt von seiner Größe, aber auch von seinem Reifegrad ab. Ein gut kiloschweres Exemplar, dessen Schale noch nicht richtig fest geworden ist, sich also leicht anritzen lässt, braucht ungefähr 20 bis 30 Minuten.

3 Für die Tomatensauce Zwiebel und Knoblauch schälen und fein würfeln, in heißem Olivenöl sanft andünsten. Die Tomaten grob zerschnitten zufügen, ebenso die Basilikumstiele – die Blätter abzupfen und beiseite legen. Salzen, pfeffern. Zugedeckt eine halbe Stunde köcheln.

4 Die Tomaten dann durch die Gemüsemühle passieren, die gewonnene Sauce mit fein geschnittenem Basilikum würzen.

5 Auf Tellern anrichten, einen großzügigen Klecks Tomatensugo obenauf setzen, ein Stückchen Butter und frisch geriebenen Parmesan nach Gusto darüber streuen. Mit Basilikumblättchen schmücken.

TIPP

Wer die Sauce einfach im Mixer püriert, erhält eine hellcremige Tomatensauce, die allerdings nur dann absolut glatt ist, wenn der Mixer genügend Kraft hat, um die Tomatenhaut völlig zu zertrümmern.

Getränk: Ein schlanker Wein, der sich unterordnet – Bardolino oder ein einfacher Valpolicella, einer der jungen, fruchtig-frischen Weine aus Norditalien, Vernatsch oder Terlaner aus Südtirol, Silvaner oder Weißburgunder aus Deutschland, Trollinger.

Ingwerkürbis

Für ca. 8 Gläser à 250 g:

1 kg Kürbisfleisch
Salz
1 walnussgroßes Stück
Ingwerwurzel
500 g Zucker
1/2 l Weinessig
Zimt
3 Nelken
2 Lorbeerblätter
1 Stück Zitronenschale
2–3 Chilischoten
2 EL schwarze Pfefferkörner

1 Das Kürbisfleisch möglichst akkurat zentimeterklein würfeln, in Salzwasser blanchieren. Den Ingwer hauchdünn schälen, dann winzig klein würfeln.

2 Zucker, Essig und Gewürze aufkochen, auch den Ingwer zufügen, die abgetropften Kürbiswürfel in diesem Sud aufwallen lassen, die Würfel sollen höchstens glasig sein. Die Kürbiswürfel in Gläser schichten.

Schmeckt wunderbar zum gekochten Rindfleisch, zum kalten Braten, oder zur gebratenen Ente! Ganz wichtig ist, dass die Kürbiswürfel möglichst klein und absolut akkurat geschnitten sind. Das ist zwar ein wenig mühsam. Aber es ist eine Mühe, die sich lohnt. Übrigens: Am besten schmeckt der besonders festfleischige Muskatkürbis auf diese Weise eingemacht. Ungeeignet ist der Ölkürbis, auch der Hokaidokürbis hat ein viel zu weiches Fleisch, das sich beim Sterilisieren auflösen würde.

3 Die Gläser mit Sirup auffüllen, die Gewürze gerecht und dekorativ dazwischen verteilen. Sterilisieren bei 80 Grad. Das geht am einfachsten mit einem automatischen Sterilisierapparat, bei dem man die entsprechenden Daten nur einstellen muss. Wer keinen hat, stellt die Gläser in eine Bratenreine, füllt so viel Wasser auf, dass die Gläser so weit wie möglich davon umgeben sind. Im 200 Grad heißen Backofen so lange erhitzen, bis in den Gläsern Bläschen emporsteigen. Langsam abkühlen lassen.

Die Gläser bis zum Rand füllen, dann mehrmals recht fest auf der mit einem zusammengelegten Tuch bedeckten Arbeitsfläche aufklopfen, damit die Kürbiswürfel sich dicht an dicht setzen. Der Sud sollte sie gut bedecken!

TIPP

Aus den weichfleischigen Kürbissorten lässt sich stattdessen eher Kürbiskonfitüre kochen, die man ebenfalls zu gebratenem Fleisch servieren kann:
2250 Gramm Kürbisfleisch, gewürfelt, mit einem Kilogramm Zucker über Nacht Saft ziehen lassen. Saft abgießen, aufkochen, etwas reduzieren. Kürbis dazugeben, ein weiteres Kilogramm Zucker zufügen, außerdem den Saft von zwei Zitronen und etwas gehackten frischen Ingwer. Etwa zehn Minuten kochen, bis die Gelierprobe die richtige Konsistenz anzeigt: Dafür einen Klecks auf einen Teller geben und in das Gefrierfach stellen – zeigt die Konfitüre Linien, wenn man mit dem Finger durchfährt, ist sie richtig.

November

Jetzt beginnt wieder die Zeit, in der selbst diejenigen Lust aufs Backen kriegen, die das über das ganze Jahr hinweg nicht haben. Der Duft nach Zimt und Honig, nach geschmolzener Schokolade und nach frischem Gebäck gehört vor Weihnachten einfach dazu. Das stimmt erwartungsfroh, und jeder in der Familie freut sich umso mehr auf die bevorstehenden Feiertage.

Backen zum Advent

Tipps rund um die Bäckerei

- Wichtig, bevor man überhaupt anfängt: Zuerst sollte man das Rezept gründlich von Anfang bis Ende durchlesen. Und dann sollte alles bereit stehen, damit man nicht auf die Suche gehen muss, wenn zum Beispiel bereits der Eischnee fix und fertig geschlagen ist. Das ist das A und O – und wenn man sich dann genau an die Maße und Zeiten hält, dann kann eigentlich nichts mehr schief gehen!
- Die Mengenangaben entsprechen unseren Vorstellungen von recht kleinen, angenehm zu essenden Plätzchen – wer große macht, muss diese nicht nur länger backen, sondern bekommt auch weniger Einzelstücke!
- Das Mehlsieben ist wirklich wichtig für das Gelingen jeglicher feinen Bäckerei: Dadurch gelangt Luft ins Mehl und somit auch in den Teig. So wird Mürbes – kein Witz! – mürber, Duftiges duftiger, Lockeres lockerer!
- Wenn bei der Weihnachtsbäckerei die Bleche knapp werden: den Rost mit Alufolie umwickeln, und dann natürlich ebenfalls Backpapier auflegen. Mithilfe des Backpapiers lassen sich alle Plätzchen mit einem Griff vom Blech ziehen und auf der Arbeitsfläche zum Abkühlen beiseite

legen. Und das Blech kann erneut zum Einsatz kommen.
- Die Backzeiten und Temperaturen: Betrachten Sie die Angaben als Hinweise, denn die wirkliche Temperatur schwankt von Ofen zu Ofen. Man muss also immer überprüfen, ob die Plätzchen nicht vielleicht schon zu viel

Hitze abbekommen haben. Auch spielt eine große Rolle, wie dicht die Ofentür ist. Ein alter, aber bewährter Trick: Die Bleche nach der halben Backzeit umdrehen, so dass die Plätzchen, die zuerst vorne waren, nun hinten schneller fertig backen, während die von hinten jetzt vorne sind und nicht zu leicht verbrennen. Achten Sie dabei stets auf den Bräunungsgrad Ihrer Plätzchen und kürzen Sie die Backzeit unter Umständen ab. Wer mit Umluft/Heißluft bäckt, stellt eine um 20 Grad niedrigere als die angegebene Temperatur ein.

- Ob die Plätzchen gar sind, spüren Sie, wenn Sie sie behutsam zu verschieben versuchen. Bewegen sie sich widerstandslos von der Stelle, wenn Sie sie schubsen, dann sind sie richtig. Bleiben sie noch kleben, brauchen sie noch einen Moment.

Die beste Schokoladentorte

Für vier bis sechs Personen:

Für eine Springform von 22 bis 24 cm Durchmesser:
200 g Bitterschokolade (erstklassige Qualität!)
6 Eigelb
150 g Puderzucker
1 Tütchen Vanillezucker
150 g weiche Butter
6 Eiweiß
100 g Zucker
1 Prise Salz
abgeriebene Schale von 1 ungespritzten Orange
1 EL Rum oder Orangenlikör
100 g Mandeln

Außerdem:
Butter für die Form
200 g Zucker
1/8 l Wasser
150 g Kuvertüre zum Überziehen

1 Zuerst die Schokolade aufsetzen: grob zerkleinern und in einem dickwandigen Topf bei kleinster Hitze oder im Wasserbad sehr langsam schmelzen. Zwei, drei Stücke zurückbehalten – diese erst zum Schluss zufügen, denn falls die Schokolade doch aus Versehen zu heiß wird, kann man auf diese Weise die Temperatur regulieren.

2 Inzwischen die Eigelb mit dem Handrührer oder in der Küchenmaschine dick und hell schlagen, dabei löffelweise Puderzucker und Vanillezucker zufügen sowie die weiche Butter. Die Masse gründlich und geduldig schlagen, je länger, umso cremiger wird sie und umso besser!

3 Die Eiweiß in einer zweiten Schüssel mit dem Zucker zu einer weichen Creme schlagen, die in Spitzen vom Schneebesen absteht. Es darf auf keinen Fall ein bröckelig oder wattig wirkender Schnee entstehen – die Konsistenz muss sehr dicht sein. Dafür unbedingt eine große Rührschüssel nehmen, damit der Schnee Raum hat, um sich auszudehnen. Die Salzprise zu Beginn nicht vergessen, und natürlich darauf achten, dass die Eiweiß absolut sauber sind und kein Fleckchen vom Eigelb mit hineingerutscht ist.

Kein Stäubchen Mehl ist hierin zu finden, die Torte ist duftig und saftig zugleich. Und das Besondere daran: Sie wird täglich besser, weil sie schön durchziehen kann, und schmeckt zwei Wochen nach ihrer Fertigstellung noch erlesener als am ersten Tag.

4 Die flüssige Schokolade unter die Eiercreme rühren. Außerdem Orangenschale und den Rum untermengen.

5 Die fein geriebenen oder im Zerhacker gemahlenen Mandeln unterziehen. Die Eiweiß schließlich mit einem Gummischaber behutsam untermischen.

6 Sofort in eine dick und sorgfältig mit Butter ausgestrichene Form füllen. Im auf 160 bis 170 Grad vorgeheizten Ofen (Umluft) zunächst 12 bis 15 Minuten »an«-backen, dabei jedoch die Ofentür einen Spalt weit offen halten. Die Form auf die unterste Schiene stellen.

7 Den Ofen dann schließen und den Kuchen eine Stunde langsam backen. Für die letzten 10 Minuten die Hitze auf 150 Grad herunterschalten.

8 Der Kuchen hat jetzt eine harte Oberfläche, die sich auch vom Kuchen selbst gelöst haben kann. Ob er gar ist, zeigt die Stäbchenprobe: Ein Holzstäbchen, das man in der Mitte hineinsticht, sollte sauber herauskommen und sich warm anfühlen, wenn man es an die Oberlippe hält.

9 Den Kuchen aus dem Ofen holen, zunächst in der Form eine Viertelstunde auskühlen lassen, dann mit einem Messer den Rand lösen und den Formenrand abnehmen. Auf eine Tortenplatte stürzen und endgültig auskühlen lassen. Die jetzt oben befindliche einstige Unterseite wird nun zur Oberseite. Die feste, fast baiserartige ehemalige Oberseite, die durch das Wenden zur Unterseite wurde, wird bis zum Verzehr langsam von der Saftigkeit des Kuchens wieder aufgeweicht!

TIPP

Das Wichtigste: Die Form muss akkurat und gründlich eingefettet sein, damit der fertige Kuchen sich anstandslos auslösen lässt. Sobald der Teig eingefüllt ist, unverzüglich in den Ofen damit, damit der Schnee nicht zusammenfällt.

10 Für den Schokoladenguss Zucker und Wasser auf mittlerem Feuer 5 Minuten leise sprudelnd kochen. Vom Feuer ziehen, einen Moment auskühlen lassen. Die Schokolade hineinbröckeln und zu einem glatten Guss verrühren. Er hat die richtige Konsistenz, wenn er einen Kochlöffel dick überzieht. Der Guss darf übrigens auf keinen Fall zu warm werden, weil er sonst nicht glänzt, sondern stumpf bleibt.

11 Den Schokoladenguss auf die Tortenmitte gießen, mit einer Palette sofort glatt streichen; mit dem herunterlaufenden Guss den Rand rundum gleichmäßig bestreichen. Die Torte kühl stellen und über Nacht durchziehen lassen.

12 Zum Servieren die Torte auf eine mit Tortenspitze belegte Platte setzen. Dafür muss man sie mit einem großen Messer erst einmal von der Tortenplatte schneiden. Das Messer dafür in heißes Wasser tauchen und gut abtrocknen, damit der Schokoguss nicht allzu sehr bröckelt.

13 Auch zum Aufschneiden das Messer immer wieder erwärmen, aber nur gut abgetrocknet schneiden, sonst schmiert's. Und schmale Stücke schneiden, denn die Torte ist so intensiv und gehaltvoll wie Konfekt!

14 Dazu passt Himbeermark (tiefgekühlte Himbeeren mit Zucker vermischt auftauen, dann durch ein Sieb passieren). Oder eine Orangensauce, die man schnell aus Orangenkonfitüre und frisch gepresstem Orangensaft anrührt. Die Konfitüre dafür ein wenig erwärmen, dann mischt sie sich besser mit dem Orangensaft!

Und noch ein Hinweis:

Bei der Schokolade darf man nicht sparen – die Torte schmeckt am Ende so gut wie die Schokolade war. Auf keinen Fall Blockschokolade verwenden, nicht einmal normale Kuvertüre reicht aus. Gut ist eine 70-prozentige, die man in guten Supermärkten finden kann. Am allerbesten ist die Schokolade von Valrhona, die es nur in guten Konditoreien und Feinkostläden gibt und die leider ziemlich teuer ist! Aber schließlich wird diese Torte nur zu einem besonderen Anlass serviert!

TIPP

Die Schokolade in einem dickwandigen Topf, am besten aus schwerem Eisen, oder im Wasserbad schmelzen. Die Herdplatte auf kleinste Stufe stellen, denn die Schokolade darf auf keinen Fall zu heiß werden: Wenn der in ihr enthaltene Zucker nämlich karamellisiert, bildet er kleine Klümpchen, die nicht mehr aufgelöst werden können.

Haselnussstäbchen

Für 65 Stück:

125 g Haselnüsse
125 g Butter
125 g Zucker
125 g Mehl

1 Die Haselnüsse auf einem Backblech ausbreiten und bei 200 Grad im Ofen etwa 10 Minuten rösten, bis sie duften. Auf ein Küchentuch schütten und gründlich rubbeln, damit sich die Haut ablöst. Die Nüsse dann im Zerhacker fein zerkleinern.

2 Die kalte Butter würfeln, rasch mit Zucker, geriebenen Haselnüssen und Mehl mischen. Nicht zu lange kneten, damit die Butter durch die Wärme der Hände nicht zu sehr aufweicht.

3 Den Teig zu einer Rolle formen, in einen Gefrierbeutel verpackt eine Stunde kalt stellen. Die Rolle dann fingerdick auswellen, bleistiftdicke Stäbchen ausschneiden und auf ein mit Backpapier belegtes Blech setzen. Sollten sie dabei zu warm und weich geworden sein, noch einmal für zwei Stunden kalt stellen.

4 Erst dann die Stäbchen bei 150 Grad etwa 25 Minuten sanft backen.

Eine Plätzchensorte völlig ohne Ei, sie werden so, ähnlich wie Vanillekipferl, besonders mürbe!

TIPP

Die Stäbchen bleiben schöner in Form, wenn sie gut durchgekühlt sind. Deshalb unbedingt vor dem Backen noch einmal einige Zeit kalt stellen!

5 Die Stäbchen etwas abkühlen lassen, jeweils halb in Schokoglasur tauchen, (einfach die Schokolade nach dem Rezept vom Schokoladenkuchen schmelzen). Auf ein Kuchengitter setzen und trocknen lassen.

Den Schokoguss gut trocknen lassen, bevor man die Haselnussstäbchen in die Keksdose bettet. Sie lösen sich leichter vom Kuchengitter, wenn man es zuvor mit (geschmacksneutralem!) Öl eingepinselt hat.

Schokoküsschen und Mandelhäufchen

Für ca. 80 Stück:

6 Eiweiß,
1 Prise Salz
750 g Zucker
Orangenschale
100 g geriebene Schokolade
250 g Mandeln

1 Die Eiweiß in einer geräumigen Schüssel sehr langsam schlagen. Zuerst die Salzprise, dann nach und nach löffelweise den Zucker und die Orangenschale zufügen. Schlagen, bis die Masse glänzt und steife Spitzen von den Quirlen abstehen – aber eher wie eine Salbe, nicht bereits flockig. Das sollte übrigens mindestens eine Viertelstunde dauern, besser länger, 20 bis 25 Minuten! Zu Beginn die Maschine auf ganz langsamer Stufe laufen lassen. Erst allmählich auf mittlere Geschwindigkeit schalten und für die letzte Minute auf höchste Stufe stellen – das gibt dem Schnee mehr Stabilität!

2 Die Schokolade reiben – im Zerhacker oder in der Küchenmaschine. Die Mandeln mit kochendem Wasser überbrühen, kurz ziehen lassen, kalt abschrecken. Dann lassen sich die Mandelkerne zwischen den Fingern leicht aus der Haut schnipsen. Die Mandeln auf einem Kü-

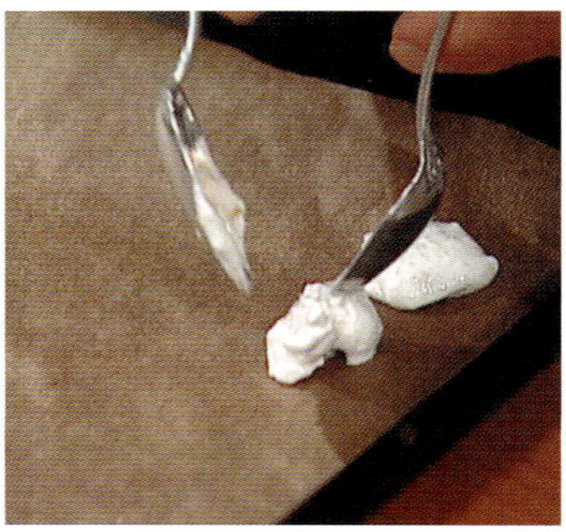

Hier brauchen wir 6 Eiweiß. Sie werden mit Zucker zu Schnee geschlagen. Die Menge wird dann halbiert, unter die eine Hälfte wird geriebene Schokolade gerührt, unter die andere Hälfte geriebene Mandeln. Kleine Häufchen dieser Masse werden mit zwei Kaffeelöffeln auf Oblaten gesetzt und langsam gebacken.

chentuch ausgebreitet etwas trocknen lassen. Erst jetzt in der Mühle oder im Zerhacker fein zerkleinern.

3 Die Schneemasse in zwei Hälften teilen – praktisch ist, wenn Sie dafür zwei gleich schwere Schüsseln haben, dann tun Sie sich leichter mit dem Abwiegen der Mengen. Unter die eine Portion die fein geriebene Schokolade rühren. Und unter die andere die Mandeln.

4 Mit zwei Kaffeelöffel jeweils kleine Portionen von der Masse abstechen und auf Oblaten setzen. Noch leichter tut man sich, wenn man die Masse in einen Spritzbeutel füllt und kleine Häufchen direkt auf die Oblaten (oder aufs Backpapier) spritzt. Bei 150 Grad (Umluft/170 Grad bei Ober- und Unterhitze) etwa 25 Minuten sanft backen.

Zitronenherzen

Für 50 Stück:

250 g Zucker
2 Eier
abgeriebene Zitronenschale
250 g Mehl
1 EL Zitronensaft
150 g Puderzucker

1 Zucker und Eier in der Küchenmaschine mindestens eine halbe Stunde, besser noch 40 Minuten lang ganz langsam rühren. Mit reichlich Zitronenschale würzen, dann das Mehl rasch einarbeiten. Den Teig drei bis vier Millimeter dick ausrollen, Sterne ausstechen und auf ein mit Backpapier belegtes Backblech setzen. Über Nacht stehen und ein wenig trocknen lassen. Bei 150 Grad einige Minuten backen.

Dafür braucht man ganze Eier. Sie werden eine halbe Stunde mit Zucker gerührt (Küchenmaschine!). Dann wird Zitronenschale und das Mehl eingearbeitet: rasch, damit es nicht klebrig wird! Der Teig wird ausgewellt und ausgestochen, die Herzen werden auf Blechen über Nacht kalt gestellt. Dadurch behalten die Plätzchen ihre Form und werden mürber.

2 Die Plätzchen noch lauwarm mit Zitronenguss einstreichen: Dafür den Puderzucker mit Zitronensaft glatt rühren, mit einer Messerklinge auftragen. Noch bevor der Guss trocken geworden ist, mit Schokostreuseln oder Liebesperlen verzieren.

Buttersterne

Sie sind besonders mürb, herrlich buttrig und schmelzen geradezu auf der Zunge:

Für ca. 50 Stück:
100 g Butter
100 g Zucker
3 Eigelb
Schale von 1/2 Zitrone
1 Messerspitze Macis
(Muskatblüte)
220 g Mehl

Außerdem:
1 Eigelb
2 EL Sahne
Hagelzucker

1 Butter, Zucker und Eigelb in der Küchenmaschine sehr lange schlagen, bis eine dicke, fast weiße Creme entstanden ist. Mit Zitronenschale und Macis würzen. Schließlich rasch das Mehl einarbeiten.

2 Den Teig zu einer Rolle formen und in eine Plastiktüte packen. Im Kühlschrank über Nacht kalt stellen.

3 Erst am nächsten Tag die Teigrolle einen halben Zentimeter dick ausrollen. Sterne ausstechen. Das Eigelb mit Sahne verquirlen, die Sterne damit einpinseln und mit Hagelzucker bestreuen.

4 Bei 100 Grad (Umluft/ 125 Grad bei Ober- und Unterhitze) eine halbe Stunde backen.

Wichtig war uns bei den Plätzchenrezepten nicht nur, dass sie wohlschmeckendes Gebäck ergeben; genau so entscheidend finden wir, dass sie nicht zu kompliziert sind. Und drittens wollten wir möglichst die Eigelb, die beim einen Rezept übrig bleiben, beim nächsten aufbrauchen...

Und zu guter letzt: Das richtige Verpacken

Die Plätzchen sollen ja noch eine Weile frisch bleiben, manche brauchen sogar noch eine gewisse Zeit, bis sie mürbe geworden sind. Am besten verstaut man sie dafür in große Blechschachteln, möglichst nach Sorten getrennt, zwischen Lagen von Seidenpapier. Wenn man mehrere Plätzchen in eine Schachtel packen muss, darf man jedoch die Makronen (Küsschen), die knusprig bleiben sollen, nicht mit den mürben Plätzchen zusammen bringen, die weich werden dürfen. Die Dosen sollten gut schließen und möglichst kühl stehen. Harte Plätzchen werden übrigens mürbe und weich, wenn man einen Apfelschnitz dazwischen packt. Zu weich gewordene Plätzchen werden wieder knusprig,

wenn man sie in einem warmen Raum eine Nacht lang offen stehen lässt. Anschließend aber unbedingt wieder gut verschließen, denn häufig vertragen sie eine solche Behandlung nicht!

Getränk: Adventstee, Grog und süßer Wein
Klar, dass all diese Plätzchen und die Schokoladentorte bestens zum Adventstee oder -kaffee passen und zusätzlich höchstens nach einem erfrischenden Glas Wasser verlangen. Und wer sich einen steifen Grog dazu bereitet, einen rumgeschwängerten Phärisäer dazu trinkt oder einen Rüdesheimer Kaffee mit Weinbrand, wird einen eisigen Wintertag damit zur Wonne werden lassen. Aber zum mächtigen Schokoladenkuchen schmeckt gar köstlich ein schwerer Südwein, etwa ein Banyuls oder Maury aus dem Roussillon oder ein Cream Sherry. Manche Männer schwören darauf, dass der perfekteste Begleiter dieses Kuchen ein Glas Pils sei - Moritz gehört dazu. Was die Plätzchen anlangt, so lieben wir beide sie mit einem Glas Moscato d'Asti oder einer edlen, süßen, aber durch eine ausgeprägte Säure auch erfrischenden Riesling Auslese oder Beerenauslese von Nahe, Mosel, Saar oder Ruwer.

Dezember

Beim Weihnachtsmenü wünscht man sich ganz besonders, dass man dafür nicht ewig in der Küche stehen muss – aber trotzdem will man natürlich ein festliches und eindrucksvolles Menü auf den Tisch bringen. Unser Vorschlag ist auch dieses Jahr so angelegt, dass der Abend garantiert problemlos gelingt. Es ist nämlich nahezu alles weitgehend vorzubereiten – so hat man nur noch wenige Handgriffe zu tun, bevor serviert werden soll.

Unser Festmenü – vier Gänge unterm Weihnachtsbaum

Vier Gänge unterm Weihnachtsbaum

Wichtig ist natürlich, dass Sie sich, wenn Sie alles nachmachen wollen, rechtzeitig um die Zutaten kümmern, also die Sachen vorbestellen, vor allem die Poularde. Und wenn, wie dieses Jahr, die Festtage eine schier endlose Kette von einkaufsfreien Tagen bilden, dann muss man schon ein wenig Vorsorge treffen, damit die Zutaten nicht ausgehen. Kaufen Sie auch lieber einen Salatkopf, ein paar Kartoffeln und etwas Obst mehr ein, als sie eigentlich zu brauchen glauben: Damit können Sie eher schlank bleiben, als mit einer Extraportion Schinken oder Gebäck!
Wir sind diesmal im Burgund unterwegs gewesen, um uns inspirieren zu lassen, wir haben uns die Küche dort angeschaut und einige wunderbare Rezepte entdeckt. Natürlich haben wir auch die entsprechenden Weine mitgebracht und schlagen vor: Pochiertes Ei auf Sellerie-carpaccio mit Rotweinbutter, dazu ein fruchtig-frischer Beaujolais; Poularde im Salzmantel mit ihren Beilagen, Petersilien-Rahmkartoffeln und karamellisierten Möhren, dazu einen großen Burgunder Rotwein; eine verführerische Käseplatte mit einem weißen Burgunder; und schließlich Schokoladentarte mit rosa Grapefruit-Kompott und einem süßen Muskateller aus dem Roussillon. Und dann fehlt nur noch stimmungsvolles Licht, Kerzen, Tannenduft und weihnachtliches Flair...

Vorspeise: pochiertes Ei auf Sellerie-Carpaccio

Für sechs Personen:

2 EL Essig
6 frische Eier

Sellerie:
1 schöne, möglichst gleichmäßig gewachsene Sellerieknolle
Salz, Pfeffer
4 EL milder Essig (z. B. Apfelessig)
Senf
4 EL Olivenöl oder neutrales, aber erstklassiges kaltgepresstes Öl
Kerbel oder Petersilie

Rotweinbutter:
1/2 l junger Rotwein (z. B. Beaujolais)
1/4 l Kalbsfond (Glas)
eine Prise Zucker
Salz, Pfeffer
3 EL Butter

1 Beginnen wir mit dem Sellerie: Er wird gebürstet, möglichst nirgendwo verletzt, der Blätterschopf so weit oberhalb der Knolle abgeschnitten, dass die Knolle selbst intakt bleibt. Die Knolle im Ganzen in Salzwasser kochen, bis sie sich mit einer Nadel leicht durchstechen lässt.

2 Die Knolle etwas auskühlen lassen, aber noch warm schälen und in dünne Scheiben schneiden. Das gelingt am besten auf der Aufschnittmaschine, weil dann die Scheiben wirklich gleichmäßig werden – schmeckt am besten und sieht auch gut aus. Sollten die Scheiben sehr groß sein, sie halbieren.

3 Die Scheiben in einer flachen, ausreichend großen Schüssel mit einer Marinade begießen: Dafür Essig, Salz, Pfeffer, Senf und Öl mit einer Gabel oder dem Schneebesen glatt schlagen.

4 Die fein gehackten Kräuter erst kurz vor dem Servieren darüber streuen, damit bis dahin ihre leuchtende Farbe nicht leidet. Die Scheiben sollten so bei Zimmertemperatur wenigstens eine, besser mehrere Stunden marinieren.

5 Die Eier werden pochiert – auch das lässt sich prima im Voraus machen, sie können später zum Aufwärmen erneut in heißem Wasser gebadet werden – natürlich nicht zu lange, da sie sonst zu sehr durchgaren.

6 Zum Pochieren reichlich Wasser in einem sehr großen, möglichst tiefen Topf zum Kochen bringen. Nur mit Essig, nicht mit Salz würzen – Salz macht das Eiweiß hart!

7 Die Eier einzeln in eine Tasse oder eine Suppenkelle aufschlagen, aus diesem Behältnis vorsichtig in das nur leise wallende Wasser gleiten lassen. Knapp drei Minuten ziehen lassen, dabei eventuell das lose fließende Eiweiß mit einer Gabel um das Eigelb legen. Die Eier dann vorsichtig herausheben und in kaltem Wasser abkühlen, damit der Garprozess auch wirklich unterbrochen ist. Das Eigelb soll unbedingt noch flüssig sein!

Ein cremig-sanft pochiertes Ei auf einem Bett von dünnen, akkurat ausgelegten Scheiben aus gekochtem Sellerie, die würzig mariniert sind – das ist eine originelle, festliche Vorspeise und obendrein eine bildschöne Sache!

8 Auch die Rotweinbutter ist leicht gemacht und lässt sich schon am Morgen zubereiten: Dafür zunächst den Rotwein mit Kalbsfond um die Hälfte einkochen, erst dann abschmecken. Vor dem Servieren wird die nun fast sirupartige Flüssigkeit nur noch einmal erwärmt, die eiskalte Butter in Flöckchen eingeschwenkt und die Sauce mit dem Mixstab aufgeschlagen. Mit einer Prise Zucker abschmecken!

9 Zum Anrichten die Selleriescheiben auf Vorspeisentellern hübsch gleichmäßig zu einem Rund auslegen. Das pochierte, warme Ei in die Mitte setzen und vorsichtig mit Rotweinbutter überziehen. Dabei nur so viel Rotweinbutter darübergießen, dass die weißen Selleriescheiben noch sichtbar bleiben. Die restliche Rotweinbutter dekorativ auf die freie Tellerfläche klecksen und, sollte noch mehr übrig sein, in einer Saucière getrennt dazu reichen.

TIPP

Wichtig ist, einen fruchtigen Rotwein zu nehmen, dessen Tannine (Gerbsäuren) nicht zu sehr ausgeprägt sind. Sie würden beim Einkochen zu stark konzentriert, das macht die Sauce womöglich bitter und unharmonisch. Ideal ist ein Beaujolais, den wir natürlich auch zu unserer Vorspeise trinken – aber bitte nicht einen aus diesem Jahr, also keinen »Beaujolais Nouveau«, der voll auf schnelle Trinkbarkeit ausgebaut wurde. Weitaus besser ist ein Wein von einem guten Winzer vom Vorjahr, dessen Frucht tiefer angelegt und fülliger ist. Die Mengen von sehr einfachem Nouveau-Wein, die in den letzten Jahrzehnten unter großem Rummel in die Welt verschickt wurden, haben den Ruf des Beaujolais ein wenig ramponiert – völlig zu Unrecht, denn es gibt kaum einen anderen Roten, der so charmant und fruchtig-leicht den Gaumen betören kann. Dies trifft vor allem auf den Beaujolais supérier oder den Beaujolais Villages zu. Die anspruchsvolleren Weine, die auch ein wenig in der Flasche reifen dürfen – so die Crus von Brouilly, Côtes-de-Brouilly, Chénas, Chiroubles, Fleurie, Morgon, Juliénas, Moulin-à-Vent, Saint-Amour und Régnié – sollte man für größere Gelegenheiten reservieren.

Hauptgericht: Poularde im Salzmantel

Für vier bis sechs Personen:

1 schöne große Poularde
(ca. 2 kg, auch mehr!)
2 Zitronen
1 Bund Petersilie
Salz, Pfeffer
3 kg grobes Meersalz
(Reformhaus – siehe Tipp)

Petersilien-Rahmkartoffeln:
1 kg möglichst gleichmäßig
klein gewachsene Kartoffeln
Salzwasser oder Gemüsebrühe
1/4 l süße Sahne
Muskat
Salz, Pfeffer
Zitronenschale
Muskat
glatte Petersilie

Karamellisierte Möhren:
1 kg Möhren
50 g Butter
Salz, Pfeffer
Cayennepfeffer
1 Zitrone (Saft)

Ein Hit ist übrigens auch unsere Zubereitungsweise: Das Huhn wird in einer dicken Hülle von Meersalz gebacken – das im Salz enthaltene Jod gibt dem zarten Hühnerfleisch einen besonderen Geschmack, außerdem bleibt es in dieser Kruste ganz besonders saftig. Einmal, weil die Kruste schützt, zum anderen, weil das erhitzte Salz selbst Hitze abstrahlt und in dieser direkten Strahlungshitze das Fleisch noch schonender gart als in der heißen, trockenen Luft des Backofens. Und – das Allerschönste: Die Garmethode ist absolut pflegeleicht, man braucht das Huhn nicht zu begießen, muss auf nichts aufpassen – einmal im Ofen, kann dem Essen gar nichts mehr passieren.
Noch ein Plus: Die Poularde hat ohnehin schon besonders bekömmliches, mageres Fleisch – auf diese Art zubereitet kommen keine weiteren Kalorien hinzu, es ist ein doppelt leichtes Vergnügen! So dass man sich ohne schlechtes Gewissen die sahnigen Kartoffeln dazu leisten kann!

Zur Feier des Tages nehmen wir eine schöne, gesund und sorgfältig gemästete Poularde, die glücklich hat leben dürfen. Die gibt's nicht in jedem Supermarkt, man muss auf dem Markt danach fragen oder in einem guten Spezialgeschäft (für alle Fälle können wir eine Adresse geben, bei der man einen solchen Vogel bestellen kann, man bekommt ihn dann ins Haus geschickt – siehe Bezugsquellen Seite 202f.!). Natürlich ist eine solche Poularde ein ganzes Stück teurer als ein einfaches Brathähnchen, aber schließlich ist Weihnachten, und da darf es schon mal etwas Besonderes sein! Vielleicht leisten Sie sich auch eine Bresse-Poularde, das Prestige-Geflügel der französischen Küche.

1 Die Poularde mit Küchenpapier innen und außen sauber wischen, eventuell auch gründlich auswaschen und dann ebenso gründlich abtrocknen.

2 Die Zitronen vierteln, die Petersilie hacken und mit Salz und Pfeffer mischen. Die Zitronenstücke darin wälzen, bis sie überall davon überzogen sind. In die Poularde stopfen, die Öffnung mit einem Zahnstocher zustecken.

3 Aus der Leber, die Sie im Poulardenbauch gefunden haben, bereiten Sie einen fabelhaften Aufstrich zu (siehe Tipp).

4 Einen ausreichend großen Topf – ideal ist ein Schmortopf aus Edelstahl oder Gusseisen, dieser möglichst nicht emailliert, – 3 cm hoch mit grobem Meersalz füllen. Einen emaillierten Topf vorsichtshalber vorher mit Alufolie ausschlagen, die das Email vor den aggressiven Gasen des Meersalzes schützt. Die Folie so bemessen, dass sie weit über die Ränder steht, wenn sie Topfboden und Seitenwände bedeckt, damit man sie später über dem Salzpaket zusammenfalten kann.

5 Das gewürzte Huhn mit der Brust nach unten auf das vorbereitete Salzbett setzen, mit Salz zudecken, dabei auch auf allen Seiten Salz zwischen Vogel und Topfwand drücken, so dass es fest umschlossen ist. Oben flach streichen, damit das Huhn später auf dieser Fläche gerade stehen kann. Schließlich die überstehenden Folienzipfel eindrehen, ohne sie dabei vollkommen zu verschließen – das Salz muss ausdampfen können!

6 Den Topf für 80 Minuten in den 250, besser noch 280 Grad heißen Ofen stellen. Danach hat sich das Salz zu einem festen Block verbunden.

7 Zum Servieren den gesamten Klotz aus dem Topf stürzen und auf ein Holzbrett setzen. Die Folie entfernen. Erst am Tisch die Salzhülle mit einem großen Messer oder Küchenbeil aufklopfen, damit die Gäste sehen, wie das goldene Huhn zum Vorschein kommt und sie seinen verführerischen Duft genießen können. Es wird vollkommen vom Salz befreit, wie üblich tranchiert und zusammen mit den Beilagen serviert. Bei der Bresse-Poularde isst man die sehr feste, zähe Haut nicht mit, sie wird mit allem anhaftenden Salz vor dem Servieren entfernt.

8 Petersilien-Rahmkartoffeln: Dafür möglichst kleine Kartöffelchen gleicher Größe schälen und unzerteilt in Salzwasser nicht ganz weich kochen. Das Wasser abgießen, durch Sahne ersetzen, mit Pfeffer und Muskat kräftig würzen. Einige Minuten lang kochen, und zwar ohne Deckel, damit die Flüssigkeit eindampfen

kann, bis die Kartoffeln butterweich sind. Zum Schluss mit Salz, Pfeffer, einem Hauch Zitronenschale und Muskat abschmecken. Reichlich fein gehackte Petersilie unterschwenken.

9 Karamellisierte Möhren: Die Karotten schälen, in zentimetergroße Würfel oder nicht zu dünne Scheibchen schneiden. In einem ausreichend großen Topf, in dem die Möhren nicht zu hoch übereinander, sondern eher nebeneinander liegen, die Butter schmelzen, die Möhren andünsten, dabei salzen, pfeffern und mit einem Hauch Cayennepfeffer würzen.
Zugedeckt im eigenen Saft schmurgeln, aber noch bevor sie weich werden mit reichlich Zitronensaft beträufeln. Das erhält ihnen den nötigen Biss. Sobald der Saft eingedampft ist, die Möhren mit Zucker und Paprikapulver bestäuben und so lange schwenken, bis sie duften und glänzen. Mit fein geschnittener Minze (wenn frisch erhältlich) oder mit getrocknetem Majoran würzen, den man gründlich zwischen den Fingerspitzen oder Handflächen zerrebbeln muss, damit er seinen Duft entfaltet.

TIPP 1

Es ist wichtig, dass Sie wirklich Meersalz nehmen. Nur dieses enthält die natürliche Menge von Jod und all den anderen Mineralien, die es zu einem besonderen Gewürz machen. Grob muss es sein, damit die Hülle, die entstehen soll, ausreichend porös ist und das Huhn schön bräunen kann. Ungereinigt – und also feucht – sollte es sein, damit der Salzmantel schön zusammen-backen kann und so eine ausreichend dichte Hülle bildet. Sollten Sie nur gereinigtes Salz bekommen, das zudem mit Kaliumchlorid gegen Klumpenbildung versetzt ist, wie unser normales Salz, dann hilft es, wenn Sie ein bis zwei Eiweiß unterrühren, die ebenfalls dafür sorgen, dass das Salz sich zu einer schützenden Hülle schließen kann.
Sie brauchen von dem Meersalz fast drei Kilogramm, also verbietet es sich fast, im Feinkosthandel danach zu suchen, wo man es allenfalls für teures Geld in kleinen Tütchen anbietet. Kilopackungen von ungereinigtem Meersalz aus der Bretagne können Sie bestellen (Bezugsquelle Seite 220f.), oder Sie haben Glück und finden im Reformhaus oder in der Apotheke grobes Salz aus dem Toten Meer. Das ist zwar eigentlich als Badesalz gedacht, aber es enthält ja nichts weiter als Salz und ist deshalb durchaus auch geeignet. Übrigens wird das bretonische Meersalz aus Guérande (das in Frankreich nur Pfennigbeträge kostet – wir bringen es uns immer kiloweise mit!) auch als belebendes Badesalz empfohlen.

TIPP 2

Der Leberaufstrich: Das Hühnerfett, das im Hühnerbauch steckt, klein würfeln und in einem kleinen Topf auslassen. Dabei eine fein gewürfelte Zwiebel mitdünsten, nach Belieben auch einen halben, gewürfelten Apfel. Mit Salz, Pfeffer und zerrebeltem Majoran würzen. Eine halbe Stunde sanft köcheln, dann die Leber zehn Minuten darin ziehen lassen. Abkühlen. Im Mixer zu einer Paste aufschlagen und endgültig abkühlen lassen. Schmeckt wunderbar auf geröstetem Brot zum Aperitif! Das könnte in unserem Fall ein Glas »Crémant de Bourgogne« sein, wie der traditionell in Flaschengärung hergestellte Schaumwein aus Burgund heißt, ein Champagner oder ein guter Winzersekt.

Getränk: Wir schlagen einen großen Burgunder aus einem guten Jahrgang vor, der ruhig einige Jährchen hat im Keller liegen und sich zu großer Form entwickeln dürfen. Burgunder ist der rechte Wein für solch eine festliche Gelegenheit, er bringt Wucht und Fülle mit, besitzt aber auch Eleganz und Finesse, die die zarten Aromen des Geflügels nicht überlagern. Ein guter Burgunder ist nicht billig, aber dafür ein umso größeres Vergnügen – wir haben einen 1989 Clos de la Roche von Hubert Lignier ausgewählt und waren sehr glücklich damit.

Ein guter deutscher Spätburgunder, im Barrique, dem kleinen Fass aus neuer, gerösteter Eiche ausgebaut, ginge natürlich auch: Es gibt inzwischen ausgezeichnete, den französischen Vorbildern schon fast ebenbürtige Gewächse vom Kaiserstuhl, aus Südbaden, aus Affental oder aus Württemberg, aus der Pfalz und dem Rheingau, aus Franken oder von der Ahr.

Die Käseplatte

Wir schlagen eine Auswahl von Rohmilchkäsen vor, denn nur diese sind lebendige Materie, verdienen es also, Lebensmittel genannt zu werden. Und zwar eine kleine Mischung verschiedener Käsetypen: Rotschmierkäse (wir haben gleich zwei aus Burgund gewählt, den kräftigeren Èpoisses und den milderen Ami Chambertin), Bergkäse (den Münstertäler aus dem Spielweg) und zwei Ziegenkäse (ebenfalls vom leidenschaftlichen Kämpfer für deutschen Rohmilchkäse, Karl-Josef Fuchs vom Spielweg im Münstertal).

Was ist das eigentlich: Rohmilchkäse? Er wird aus der naturbelassenen Milch von Kuh, Schaf oder Ziege hergestellt, die nie auf mehr als Körpertemperatur erwärmt werden darf (38 Grad). Dass man bei der Produktion besonders sorgsam auf Sauberkeit achten und zum Beispiel die Keimzahl ständig kontrollieren muss, versteht sich nicht nur aus hygienischen Gründen – vielmehr gelingt der Käse gar nicht erst, wenn diese Dinge nicht stimmen. Deshalb ist es so besonders lächerlich, wenn man hört, mit welchen Auflagen die wenigen kleinen handwerklich arbeitenden Betriebe, die sich auf Rohmilchkäse spezialisiert haben, die Arbeit nicht nur erschwert, sondern oft sogar unmöglich gemacht wird: Da muss ein kleiner Bauer, der die Milch seiner Kühe, Ziegen oder Schafe lieber selber verarbeiten will, als sie der Molkerei abzuliefern, sich Anlagen anschaffen und Umbauten bezahlen, als wolle er den großen Molkereien Konkurrenz machen. So viel Käse kann der sein ganzes Leben nicht produzieren, wie das kostet. Aber was bei großen Betrieben, die ihre Ware schnell in viele Läden liefern, sinnvolle Vorschrift ist, macht bei einem kleinen Käser keinen Sinn: Er sieht ja, wie sein Käse sich entwickelt, und wenn je einmal eine Charge nicht in Ordnung ist, so kann er sie schnell aus dem Verkehr ziehen und der Verlust ist nicht groß. Ist aber eine ganze Tagesproduktion einer großen Firma betroffen, sieht die Sache gewiss anders aus...

Wie serviert man solchen Käse? Man nimmt den Käse bereits mindestens zwei bis vier Stunden, bevor man ihn essen will, aus dem Kühlschrank, wo er im Gemüsefach nicht zu kühl gelagert wurde. Er soll Zimmertemperatur annehmen, um seinen Geschmack entfalten zu können. Dafür wird der Käse ausgepackt und auf einem Brett oder einer Korbplatte angerichtet. Weinblätter als Unterlage sind dekorativ, es kann aber auch Efeu sein. Weintrauben passen dazu wunderbar; gut schmecken auch reife Birnen, die man erst beim Servieren schält, in Schnitze teilt und vom Kerngehäuse befreit, damit sie nicht braun anlaufen. Und die beliebten Walnüsse sollte man nur dann dazu reichen, wenn sie wirklich frisch sind. Nichts ist unangenehmer, als ranzige Nüsse auf dem Käsebrett...

Warum wird Rohmilchkäse nicht überall hergestellt? Dem Gewerbeaufsichtsamt und der gesamten Milchindustrie sind die kleinen Rohmilchkäseproduzenten ein Dorn im Auge. Nur ein Beispiel für die Sinnlosigkeit dieser Vorschriften: Da hat eine Bauersfrau im Münstertal von der Milch ihrer zehn Ziegen kleine Frischkäse gemacht – diese kleinen weißen Käschen, die wir in Frankreich so gerne auf der Käseplatte sehen. Das ging gut, bis der Beamte von der Gewerbeprüfung erschien und verlangte, was einfach unerfüllbar war. Die Bäuerin hatte schon vor einiger Zeit den Raum bis zur Decke hoch gefliest, jetzt wurden die Fensterrahmen beanstandet, weil sie aus Holz und nicht aus Kunststoff waren. Da fasst man sich an den Kopf – bei einer Produktion von fünf Käschen am Tag soll man für Tausende von Mark die Fensterrahmen auswechseln! Es muss doch möglich sein, so denken wir, dass man für solche kleinen Betriebe andere Vorschriften hat und nicht die strengen Maßstäbe anlegt, die für die Großbetriebe der Lebensmittelindustrie richtig sind.

Was ist der Unterschied zum Industriekäse? Die Milch, die in der Industrie zur Käseproduktion verwendet wird, wurde zuvor auf mehr als 70 Grad erhitzt, also pasteurisiert: Sämtliche Keime und Bakterien – auch die guten und nützlichen! – sind abgetötet. Natürlich ist diese Milch einfacher zu handhaben, man ist immer auf der sicheren Seite, braucht nur noch die genau ausgetüftelte Bakterienkultur zuzusetzen.

Allerdings hat man mit den Keimen und Bakterien auch das abgetötet, was ein lebendiges Lebensmittel daraus macht, eines, das diesen Begriff zu Recht trägt. Käse, der reift, sich entwickelt und der – darauf kommt's schließlich an! – zum großen

Geschmackserlebnis werden kann. Und Käse, der noch all die Enzyme und natürlichen Wirkstoffe besitzt, der dem Körper bei der Verdauung hilft und ihn diätetisch wirksam macht.

Welcher Wein passt zum Käse? Längst hat sich herumgesprochen, dass durchaus nicht immer Rotwein der einzig wahre Begleiter zum Käse ist. In unserem Fall, zum frischen Ziegenkäse und zum Bergkäse aus dem Münstertal, wäre ein üppiger, aber trocken ausgebauter Grauburgunder ideal, zum Beispiel vom Kaiserstuhl. Zum cremig gereiften Käse aus Burgund hingegen, wie dem Epoisses und dem Ami Chambertin, würde ein roter Burgunder gut passen – vielleicht ist ja in der Flasche, die das Huhn begleitet hat, noch ein Schlückchen dafür drin. Als Faustregel lässt sich immer sagen: Es passt stets der Wein gut, der in der Gegend gedeiht, aus der der Käse stammt.

Ein Wort noch zum Lagern von Käse: Er gehört in Pergamentpapier verpackt, eventuell auch in ein knapp feucht gehaltenes Tuch gewickelt ins Gemüsefach. Also nicht zu kühl. So bleibt er lange frisch, das heißt, er reift nur langsam weiter. Denn das ist das Schöne am Rohmilchkäse: Er kann nicht verderben! Er kann so reif werden, dass er davonläuft und jenen intensiven Reifegeruch entwickelt, der an Ammoniak erinnert und vielleicht nicht jedermanns Sache ist. Aber er verdirbt nicht und entwickelt keine schädlichen Stoffe, wie das Industriekäse tut, der fault und schimmelt und gänzlich unbekömmlich wird, wenn er seinen Zenit überschritten hat.

TIPP

Heißer Käse auf Salat. *Das absolut perfekte Versteck für Käsereste, die ja immer mal wieder anfallen! Auf diese Weise mutieren sie zu einem feinen Käsegang, der wirklich Eindruck macht. Die verschiedenen Käse in Stücke schneiden und auf Tellern nebeneinander anordnen. Kurz unter den Grill stellen, bis der Käse schmilzt. Bunt gemischte Salatblätter, die mit einer würzigen Vinaigrette angemacht sind, rundum verteilen und sofort servieren!*

Schokotarte mit Grapefruit-Orangen-Kompott

Zutaten:

Mürbteig:
200 g Mehl
150 g Butter
100 g Zucker
1 Eigelb
1 Prise Salz
Butter für die Form

Schokocreme:
200 g Edelbitter-Schokolade
1/8 l Milch
2 EL Zucker
1 Eigelb
200 g Crème fraîche

Grapefruitkompott:
2 rosa Grapefruit
3 Orangen
100 g Zucker
1 TL gehackter Ingwer

Man braucht dafür einen vorgebackenen Mürbteigboden. Übrigens kann man auch kleine Portionstörtchen nehmen – entweder fertige Tarteletts vom Bäcker oder man stellt sie selber her: Kleine Förmchen mit Mürbteig auslegen, ineinander stapeln und nur halb, also ziemlich hell backen. Die gebackenen Törtchen kann man in gut schließenden Blechdosen wie Plätzchen einige Zeit aufbewahren. Für die große Schokotarte nimmt man eine flache Tarteform. Wichtig: Die cremige Füllung der Tarte wird erst nach dem Abkühlen fest. Sie darf also erst dann angeschnitten werden!

1 Für den Teig die Zutaten rasch zusammenkneten und dann eine halbe Stunde kalt stellen. Den Teig drei Millimeter dick ausrollen; eine ausgebutterte Tarteform damit auskleiden. Kalt stellen.

2 Den Teigboden mit Backpapier belegen, mit Hülsenfrüchten (zum Beispiel Bohnen, die immer wieder von Neuem für diesen Zweck verwendet werden können) bestreuen, die den Teigboden beschweren und so dafür sorgen, dass er flach bleibt und keine Blasen schlägt. Achtung: Bevor der Teigboden mit Papier belegt wird, die Form oder Förmchen unbedingt eine halbe Stunde kalt stellen, damit das Papier nicht daran festklebt.

3 Nach Belieben sechs Tartelettportionsförmchen (ebenfalls gründlich gebuttert!) verwenden. Wobei man der Einfachheit halber die ausgekleideten Förmchen jeweils mit einem Blatt Backpapier belegt und wieder ineinanderstapelt, damit sie sich gegenseitig beschweren. So braucht man lediglich in das oberste Förmchen Hülsenfrüchte zum Beschweren geben.

4 Form oder Förmchen bei 200 Grad 20 Minuten vorbacken beziehungsweise blindbacken, wie der Kochterminus dafür heißt. Die Förmchen behutsam auseinander nehmen, das Papier abziehen und die Böden auskühlen lassen.

5 Für die Schokocreme die Milch aufkochen, die Schokolade grob hacken und behutsam darin schmelzen, dabei den Zucker unterrühren. Die Masse vorsichtig rühren, bis eine absolut glatte Creme entsteht, es dürfen sich keine Blasen bilden. Schließlich mit einem Rührlöffel Eigelb und Crème fraîche einarbeiten.

6 Die Creme in den vorgebackenen Teigboden gießen. Bei 150 Grad 20 Minuten behutsam backen oder vielmehr stocken lassen. Richtig fest wird die Creme jedoch erst nach dem endgültigen Abkühlen.

7 Dazu wird ein Kompott aus Grapefruit und Orangen serviert. Dafür werden drei Früchte filiert und eine Orange ausgepresst. Der Saft wird mit Zucker eingekocht, dabei die Zesten, also die haar fein geschnittene Schale ohne jedes Zipfelchen von weißer Innenhaut!, einer Frucht mit köcheln. Erst ganz zum Schluss die Fruchtfilets zufügen und kurz ziehen lassen. Ein Glas weißen Rum darüber gießen und abbrennen.

8 Die Schokotarte in Stücke schneiden und auf Desserttellern anrichten. Das Kompott dekorativ daneben verteilen und mit dem Sirup Kleckse auf den Teller zeichnen.

Getränk: Weil Schokolade sehr fordernd ist, muss der begleitende Wein kräftig und gehaltvoll sein: Wir schlagen einen sehr süßen, ganz jungen, soeben erst gelesenen und gepressten und deshalb ganz besonders fruchtigen Muskateller aus Südfrankreich vor, zum Beispiel einen Muscat du Roussillon. Danach kann man, wenn der Abend noch lang sein sollte, zu einem vollen Sekt oder kräftigen Champagner übergehen...

Bezugsquellen

Wir leben auf dem Land, ziemlich weit von interessant bestückten Märkten und von Delikatessgeschäften mit ausgesuchtem Angebot entfernt. Wenn wir auch in der glücklichen Lage sind, eine Menge ungewöhnlicher oder gar fremdartiger Zutaten und Lebensmittel von unseren vielen berufsbedingten Reisen mitzubringen, so fehlt uns häufig die Möglichkeit zum gezielten Ein- oder Nachkauf. Und manche Spezialitäten gibt es einfach nicht überall, weil sie nur in begrenzter Menge produziert werden und schon deshalb nicht in großen Läden angeboten werden können. Viele kleine, noch handwerklich arbeitende Hersteller vertreiben daher ihre rare Ware lieber per Versand oder gar über Versandhäuser, die sich auf solche Nischenprodukte spezialisiert haben. Wir finden es überaus bequem, was wir brauchen einfach ins Haus geliefert zu bekommen. Deutsche Weine bestellen wir bei den Winzern, die wir mögen, am liebsten direkt. Importweine und alle übrigen Lebensmittel gern und regelmäßig bei folgenden kleinen Unternehmen:

BAUER BATHE
Straße 264
14089 Berlin
Tel: 0 30/36 99 69 0
Fax: 0 30/36 99 69 10

Hier gibt es blaue und andere erstklassige Kartoffeln: Wer in der Nähe ist, kann sie selber im Hofladen abholen. Übrigens auch Setzkartoffeln, um sie im eigenen Garten zu ziehen (sie lieben leichte, sandige Böden).

VINCENT BECKER
Gewerbestraße 11
79285 Ebringen bei Freiburg
Tel: 0 76 64/97 98 0
Fax: 0 76 64/97 98 99
www.vincent-becker.de

Hier gibt es Essige aus aller Welt, auch echten Aceto balsamico tradizionale, unterschiedlichste Ölsorten (zum Beispiel Olio agrumato oder Kürbiskernöl), eine reiche Auswahl an Spezialitäten aus Italien, Frankreich und Österreich – sogar eine kleine, aber feine Auswahl an Weinen und Champagner. Auch originelle, witzige oder schöne Gerätschaften für Küche, Tafel und Keller.
Er ist Bezugsquelle für den Apfelsekt aus unserem Apfelgut.

BOS FOOD
Grünstraße 24c
40667 Meerbusch
Tel: 0 21 32/13 90
Fax: 0 21 32/13 91 00
e-mail: bos.food@t-online.de

Hier gibt es eine Fülle interessanter Zutaten, unbedingt Liste schicken lassen!

CULINARIA
Gut Neunthausen
72172 Sulz-Hopfau
Fax: 0 74 54/96 97 96
www.apfelgut.de

Schürzen mit unserem Namen bestickt: »Kochen mit Martina & Moritz«, in Rot, Weiß, Blau und Grün für DM 75,- inkl. MwSt. und Versandpauschale. Außerdem können Sie hier alle unsere Bücher bestellen, die wir auf Wunsch gern mit persönlicher Widmung versehen.

GARIBALDI
Frohschammerstraße 14
80807 München
Tel: 0 89/3 59 02 22
Fax: 0 89/3 59 29 29

Wohl das umfassendste Angebot an italienischen Weinen, aus sämtlichen Regionen und in allen Qualitätsstufen. Dazu eine interessante Auswahl an Spezereien, Fisch in Dosen, Olivenölen, Saucen, Pasta und anderen Zutaten.

KÖSSLER & ULBRICHT
GmbH & Co. KG
Äußere Bayreuther Straße 350
90472 Nürnberg
Tel: 09 11/52 51 53
Fax: 09 11/5 29 88 74

Weine aus aller Welt, nicht nur Europa, auch Kalifornien, Australien und anderen Anbaugebieten in Übersee.

LandArt
Egelseestraße 44
A-4866 Unterach am Attersee
Tel: (00 43) 76 65/60 11
Fax: (00 43) 76 65/60 11 20
e-mail: landart@aon.at

Frisches Fleisch vom Rind und vom Waldschwein aus artgerechter Haltung, glückliches Geflügel, daraus handwerklich hergestellte Wurst und Schinken sowie fix und fertig zubereitete Gerichte. Kommt per Kühlpaket oder per Kühlwagen.

MATJES
Die so genannten Primtjes, die allerbesten Matjes aus Holland (siehe Seite 108 ff.) gibt es ausschließlich unter dieser Bezeichnung in allen Nordsee-Filialen – eventuell muss man sie sich eigens bestellen lassen – und in guten Delikatessgeschäften.

THOMAS SPÄTH
Weinhandel
Franz-Joseph-Straße 43
80801 München
Tel: 0 89/34 47 61
Fax: 0 89/39 98 63

Spezialisiert auf österreichische Weine. Interessantes Angebot aus allen Anbaugebieten des Landes.

TIVONA ALIMENTARIA
Im Klapperhof 33
50670 Köln
Tel: 02 21/12 04 47
Fax: 02 21/12 30 90

Feinste Essige (auch Balsamicoessig) und Öle, erlesene Hülsenfrüchte, unterschiedliche Reissorten (dort gibt es übrigens auch den fabelhaften Bombareis für Risotti und Paellas) und absolute Spitzen-Sardinen in Olivenöl.

WERNER'S Naturspezialitäten
A-8503 St. Josef 14
Tel: (00 43) 31 36/8 32 00
Fax: (00 43) 31 36/8 32 00 4

Spezialitäten aus der Steiermark, Marmeladen, feinste Schokolade, Kürbiskernöl, Brände, Essige und Weine.

Rohmilchkäse aus dem Münstertal
Spielwegkäserei
Tel: 0 76 36/7 09 0
Fax: 0 76 36/7 09 66

Rezepteregister

Stichwortverzeichnis